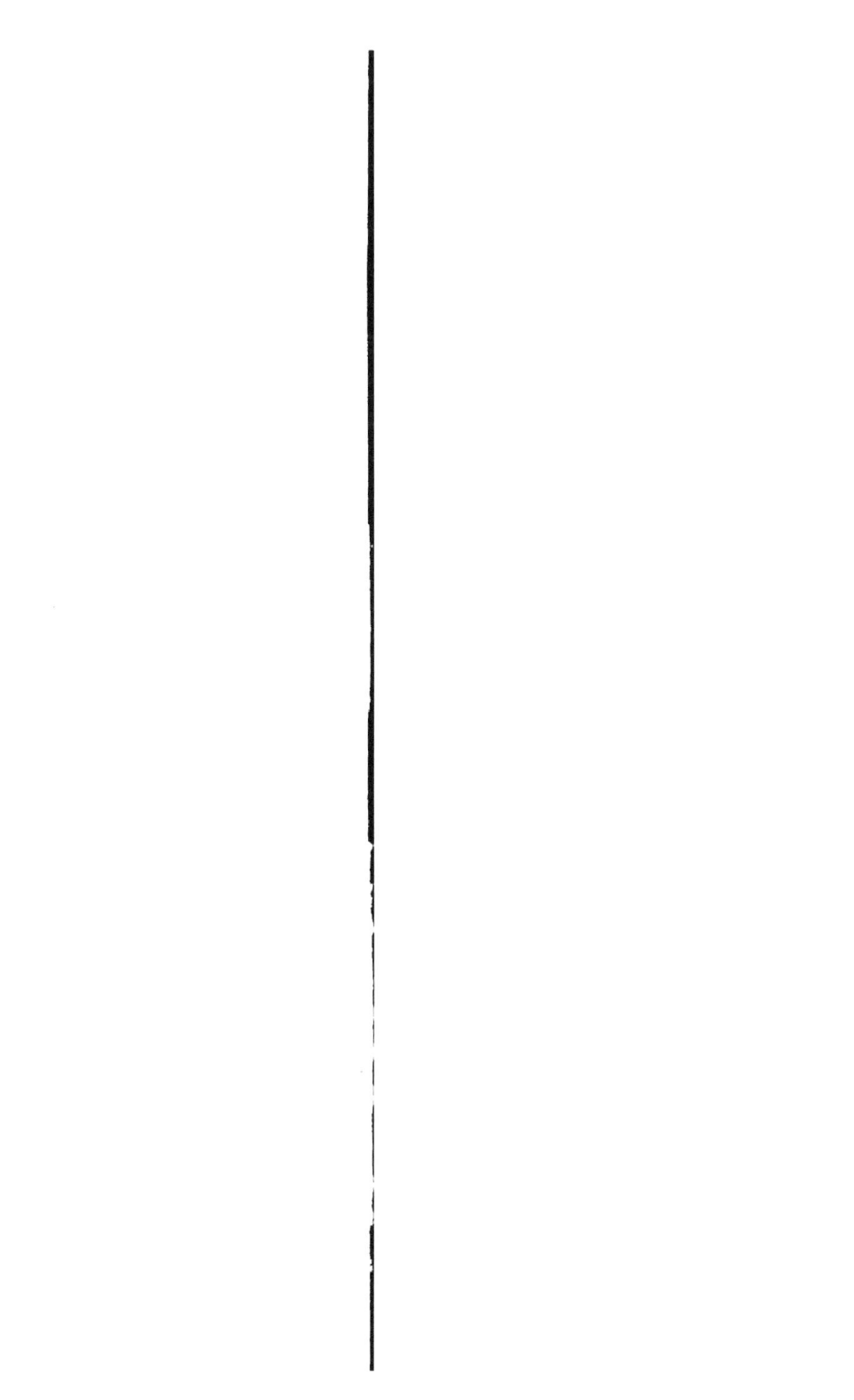

Louis Ferdinand
Prinz von Preussen
Ein Drama von
Fritz von Unruh

Von Fritz von Unruh sind ferner im gleichen Verlage
erschienen:

Vor der Entscheidung
Ein Gedicht

*

Opfergang

*

Offiziere
Ein Drama

*

Im Verlag von Kurt Wolff, München:

Ein Geschlecht
Ein Drama

*

Platz
Ein Spiel

*

Louis Ferdinand Prinz von Preußen

Ein Drama

von

Fritz von Unruh

Zehnte Auflage

Berlin 1921
Verlegt bei Erich Reiß

Alle Rechte vorbehalten

Das Aufführungsrecht ist nur zu erwerben durch den
Verlag Erich Reiß, Berlin W. 62

Copyright 1913 by Erich Reiss Verlag

Dem Andenken meines Vaters

*Wie über Sterne das Gesetz, erhebt sich
über Menschen die Pflicht, groß und ernst.*

Personen

Der König
Die Königin
Louis Ferdinand
Prinz von Oranien
Feldmarschall Braunschweig
Feldmarschall Hohenlohe
Staatskanzler Haugwitz
Kabinettschef Lombard
Kriegsrat Wiesel
Pauline Wiesel
Dr. Lazarus
Joh. Phil. Wenzel
Angelikus Zeitblom
Christlieb Dusseck
Offiziere: v. Egidy, v. Nostiz, Graf von Rohr, von Böhm, von Bahlen
Kammerherren: Graf Romberg, Graf Retwitz
Pagen: Heinz, Kurt, Albert, Max
Holz, Sekretär
    Generale, Offiziere, Pagen, Ratsherren, Bürger, Musiker, Herold, Masken und andere Personen
    Zeit: Oktober 1806.

Erster Akt

Erste Szene.

Palais des Prinzen Ferdinand. Gartensaal.
(Wiesel, Sekretär Holz, v. Egidy, Graf v. Rohr, v. Bahlen, v. Böm.)

v. Egidy: Eure Exzellenz erwarten Prinz Ferdinand, so wollen wir uns empfehlen.

v. Böm: Werden wir aber den Prinzen nach dem Hofkonzert sehen?

Wiesel: Soweit ich unterrichtet bin, ist seine Zeit besetzt. Ein Feldzugsplan gegen Napoleon beschäftigt ihn Tag und Nacht.

Graf v. Rohr: Das soll'n die Siegesgäule vom Brandenburger Tor über Berlin wiehern.

Wiesel: So sehr ist er beliebt bei den Offiziers?

v. Egidy: Sein Name ist unser Schlachtruf. (Zeigt seine Degenklinge.) Das heißt, mit gehorsamstem Respekt vor dem König.

Wiesel (liest): „Louis Ferdinand".

v. Egidy: Wie wir, hat ihn das ganze Regiment Gensdarmes auf die Klingen graviert.

v. Bahlen: Ja, hie „Louis Ferdinand"!

Graf v. Rohr: Nun soll der Deubel kommen.

Wiesel: Amen, liebe Herren. (Alle Offiziere ab.)

Holz: Exzellenz?

Wiesel: Seit wann sind Pariser Depeschen in Berlin?

Holz: Pariser Depeschen?

Wiesel: Ganz Berlin munkelt davon. Eine soll Zündstoff enthalten. Sogleich aufs Auswärtige Amt! Lassen Sie sich beim Staatskanzler melden.

Holz: Wohin zurück?

Wiesel: Schloß: Hofkonzert! (Holz ab.) Unser Schach blieb stehen? Verehrter König mit der korrekt geschnitzten Gestalt. (Hebt eine Figur empor.)

v. Nostiz (kommt): Bin besorgt; Königliche Hoheit kehren gar nicht von der Jagd zurück.

Wiesel: Liegt etwas Besonderes vor?

v. Nostiz: Fürst Hohenlohe hat sich angesagt.

Wiesel: Aus Paris weht ein Lüftchen her.

v. Nostiz: Exzellenz denken an Prinz von Oranien?

Wiesel: Wie kommen Sie darauf?

v. Nostiz: Weil er aus Paris diesen Augenblick in Berlin eingetroffen ist.

Wiesel: Wer erzählt es?

v. Nostiz: Die Künstlerfreunde meines Prinzen. Ich höre sie. Heute ist ihr Leseabend. (Öffnet.) Bitte, meine Herren.

(Dr. Lazarus. J. Ph. Wenzel. Angelikus Zeitblom.)

Wiesel: Sie erwarten Prinz Ferdinand?

Dr. Lazarus: Es ist unser Freitag.

Wiesel: Laßt uns unser Leben in ein Kunstwerk verwandeln. Teilte Ihnen der Feuerstrom ewiger Bildung mit wonach sie suchen?

Dr. Lazarus: Poetice dictum: Wir tasten uns ans Licht.

Wiesel: Mit Vergnügen, liebster Zeitblom, sah ich in unserer Weinstube die Fresken von Ihrer Hand.

A. Zeitblom: Leider stellte sich zur letzten Vollendung noch keine Stimmung ein.

Wiesel: Trotzdem; schön koloriert.

A. Zeitblom: Ach, gegen den göttlichen Raphael!

Wiesel: Viel Kraft im Strich.

A. Zeitblom: Der große Buonarotti bleibt in Ewigkeit.

Wiesel: Jahrhunderte leben von ihm! Ehrfurcht vor jedem Genie! Priester der Kunst, gebt wohl acht. Ich sage: Gebt acht!

v. Nostiz: Exzellenz Wiesel würde gern von Ihnen über Prinz Oranien hören.

Wiesel: Es hätte Zeit gehabt, mein Lieber.

J. Ph. Wenzel: Dort wo die Linden düstern, begegneten wir seinem Wagen.

A. Zeitblom: Ach, der Herr sah entzückend durchgeistigt aus. Ein Savonarolakopf.

Dr. Lazarus: Er sah blaß aus.

J. Ph. Wenzel: Wie der Götterfährmann des Totenschiffes. Hinter ihm die Segel der lichtverschlingenden Wolke.

Dr. Lazarus: Die Fragen, die er an die Leute richtete, entbehrten jeder Logik.

J. Ph. Wenzel: Was ist der Unterschied zwischen einem Totenschädel und dem preußischen Staat?

Wiesel: Nun?

J. Ph. Wenzel: Prinz Oranien blieb die Antwort schuldig.

Dr. Lazarus: Er brachte die unvernünftige Menge in chaotische Verwirrung.

Wiesel: Wo stieg der Prinz ab?

J. Ph. Wenzel: Als Schwager des Königs: Gewiß im Schloß.

v. Nostiz (am Fenster): Auf der Straße großes Gedränge!

J. Ph. Wenzel (alle am Fenster): Ein Reiter!

Dr. Lazarus: Es könnte ein Reiter sein.

J. Ph. Wenzel: Das Volk läßt ihn nicht vorwärts. Er kehrt um. Sie stürmen hinter ihm her.

Louis Ferdinand (hinter der Szene): Gitter zu! Gitter zu!

Wiesel: Seine Stimme! Prinz Ferdinand!

v. Nostiz: Die Wache schließt die Tore. Er kommt über den Rasen galoppiert.

A. Zeitblom: Schaum umflattert ihn, wie weiße Tauben.

J. Ph. Wenzel: Hinter ihm die Sonnenmajestät!

v. Nostiz: In den Armen hält er Hüte und Mützen?

(Louis Ferdinand kommt, mit seinem Pagen.)

Louis Ferdinand (wirft die Mützen auf den Kamin): Wie geht es?

Wiesel: Wir hörten Sie nicht oft so herzlich lachen.

Alle: Was ist vorgefallen?

Louis Ferdinand: Page, erzähl'!

Heinz: Die Bürger wollten unsere Pferde nicht vorbeilassen.

Louis Ferdinand: Und dann?

Heinz: Sie riefen durcheinander, etwas von: „Prinz Oranien".

Louis Ferdinand: Seid versichert: sie kreischten wie ein Schwarm Singvögel, unter den eine Eule geflogen war. Aber dann? Dann?

Heinz: Dann?

Louis Ferdinand: Träumer!

Heinz: In die Zügel faßten sie uns, die Burschen. Mein Prinz schrie sie an: „Was wollt ihr?" „Dich sehen! Dich sehen!"

Louis Ferdinand: Es war ein tierisches Gebrüll! „Mich sehen?" fluchte ich los! Mein Reitstock teilte die Luft.

Wiesel: Sie schlugen die Bürger?

Louis Ferdinand: Zwischen meiner Peitsche und ihren Mützen konnte kein Spatz mehr durch. Da donnerte mich unter den buntschöpfigen, vergrämten Stirnen ein Meer von Sonne zurück! Freunde! ich sah ihre Augen! aus meiner Kehle stahl sich ein Jauchzer! Die Schurken bemerkten es; wollten meine Hände küssen. Draußen wird mein Pferd noch geführt; seht an den Gurten das Blut. So entkam ich. Aber die Mützen behielt ich zurück. Nostiz, lassen Sie in jede ein Päckchen mit Gold einnähen.

v. Nostiz: Mit Gold?

Louis Ferdinand: Mit Gold! freilich! Am liebsten würde ich Diamanten verteilen.

A. Zeitblom: Ach, mein ehrwürdiger, inniggeliebtester Prinz.

Louis Ferdinand: Für Euch eine Überraschung! Ihr hattet die Königin gebeten, etwas für unsere Künstlerstube zu stiften. Majestät hatte die Huld — (Öffnet eine Türe.) Hereingetragen. (Zwei Diener tragen eine Harfe herein.)

A. Zeitblom: Träumen wir?

Louis Ferdinand: Auf der Harfe hat sie viel gespielt. Wie oft habe ich sie dazu singen gehört. (Summt Melodie: „O gib vom weichen Pfühle ...".)

J. Ph. Wenzel: Herrlich! Herrlich! (singt:) „Bei meinem Saitenspiele, schlafe! was willst du mehr?"

Louis Ferdinand: Aber sie hat eine Stimme! Bären würden ihr gezähmt zu Füßen sinken.

Dr. Lazarus: Göttliche Frau!

J. Ph. Wenzel: Ihre Gabe soll hoch im Rittersaal prangen!

A. Zeitblom: O Freude! o Freude! Eine duftig beflügelte Harfe.

J. Ph. Wenzel: Das muß mit sublimsten Weinen zelebriert werden.

Louis Ferdinand: Ja! alle Fässer auf! Und wenn wir nicht tanzen und uns in den Armen liegen, ehe die Sonne sinkt, so will ich Wasser trinken bis ans Ende der Tage.

v. Nostiz: Aber, Eure Hoheit.

Louis Ferdinand: Klirrt wieder ein „aber" gegen das funkelnde Glas unserer Freuden.

v. Nostiz: Diese Mappe wurde vom Generalstab geschickt.

Louis Ferdinand: Für mich? Hohenlohesche Siegel?

v. Nostiz: Untertänigst. Der Fürst hat sich persönlich angesagt.

Louis Ferdinand: Für diese Stunde?

Alle: Aber heute ist doch Lesefreitag.

Louis Ferdinand: Wo treibt sich dann unser Gottlieb herum?

v. Nostiz: Meister Dusseck bereitet das Hofkonzert vor.

Louis Ferdinand: Hofkonzert? Heute Hofkonzert?

Dr. Lazarus: Zum erstenmal soll unser Freitag ausfallen?

Louis Ferdinand: Ihr habt's gehört! Erst Fürst Hohenlohe — dann Hofkonzert. Haltet schon eine Vorfeier ab.

Alle: Unser Freitag fällt aus.

Louis Ferdinand: Wir holen alles nach. Helfen Sie meinen Freunden, Nostiz! (Künstler und Nostiz ab.)

Louis Ferdinand (zu Heinz): Woran denkst Du? Rupfst den Viechern die Federn aus? Liefere sie bei Frau Paulinen ab.

Wiesel: Sie werden meine Frau im Hofkonzert sehen.

Louis Ferdinand: Der Junge verehrt Deine Gattin. Fragte mich, ob alle Frauen...

Heinz: Gnädiger Prinz!

Louis Ferdinand: Marsch! Das nächstemal gäbe es mehr Schnepfen. (Heinz ab.)

Wiesel: Die Jagd erfordert viel Zeit. Nicht jeder kann sie aufbringen.

Louis Ferdinand: Hatte heut keinen Sinn dafür. Mein Herz war voll Jubel, wie Granaten voll Pulver. Am liebsten hätte ich die Sonne aus dem Himmel gesprengt.

Wiesel: Aus ihrer Gesetzmäßigkeit.

Louis Ferdinand (hat die Mappe eröffnet, liest): Wie?

Wiesel: Prinz?

Louis Ferdinand: Nichts! nichts! Den König will man zwingen; er soll seine Minister entlassen! Befürchtungen! Als würde ein Löwe zum Hund, weil um ihn herum Hunde sind! Mein königlicher Vetter wird schon zur Zeit aufräumen mit dem Kabinett. Der König ist sein eigener Herr.

Wiesel: Nicht immer.

Louis Ferdinand: Hm?

Wiesel: Das heißt in meinem besonderen Fall war er es nicht.

Louis Ferdinand: Was ist mit der Schachfigur?

Wiesel: Als ich vorhin meinen gnädigen Prinzen über der Volksmenge sah —

Louis Ferdinand: Du sahst mich?

Wiesel: Wir alle beobachteten Sie von dem Fenster aus.

Louis Ferdinand: Ihr habt mich beobachtet?

Wiesel: Ja, und Ihr Anblick erregte mein Gehirn so heiß, daß ich in der Hand Ihre Königsfigur zerdrückte.

Louis Ferdinand: Nur her damit. Leim tut Wunder! Am Fenster.) Man übersieht wirklich die Straße! Gehst Du?

Wiesel: Soll ich bleiben?

Louis Ferdinand: Toll zugerichtet die Figur. Toll, toll.

Wiesel: Was fesselt meinen Prinzen?

Louis Ferdinand: Seltsames Wolkenbild. (Wiesel ab.) Über Bürgern mein springendes Pferd. Es trägt mich höher in klarstes Blau. Alles sinkt wieder in Dunst: Menschen, Pferd ...

Pauline Wiesel (trägt einen Pack Bilder; hält Louis Ferdinand die Augen zu).

Louis Ferdinand: Holla! was treibt Wiesel?

Pauline: Du riechst ihn aus meinen Kleidern?

Louis Ferdinand: Pauline? Du mußt fort.

Pauline: Nimm mich in deine Arme.

Louis Ferdinand: Wie lautlos er ging.

Pauline: War Wiesel bei dir?

Louis Ferdinand: Boshaftes Weibchen.

Pauline: Gehörst du Wiesel oder mir? Die Lippen: wem? Ich krall mich in deinen Kopf.

Louis Ferdinand: Du mußt fort. Ich erwarte Fürst Hohenlohe.

Pauline: Je m'en fiche. Ich warte schon zwei Stunden auf dich ...

Louis Ferdinand: Mein Page überbringt dir soeben in meinem Auftrag Schnepfen.

Pauline: Die wirst du andern auch geschickt haben.

Louis Ferdinand: Pellchen, wirklich, du mußt fort.

Pauline: „Du mußt fort"... das schreckt ja wie eine Kirchuhr in unser Küssen. Rate, was ich gefunden habe! Dies Bündel: Frauenbilder.

Louis Ferdinand: Meine Schränke durchkramt?

Pauline: Hast du die alle geliebt? Welche zuerst? Ich beiße dir die Nase ab!

Louis Ferdinand (liest auf einem Bild): „Jeder finde sein Reich, und die Welt wird voll Harmonie sein." Rahelchen.

Pauline: Die Levi? Höchst geistreich.

Louis Ferdinand: Ein kluges Mädchen! So klug! Sie hätte Plato in Verlegenheit gebracht.

Pauline: Ich kann Dich nur bedauern.

Louis Ferdinand: Dummköpfchen! Ihr könnte selbst Apoll begegnen, sie hätte nichts als ein Aperçu für ihn übrig. Mein Rahelchen!

Pauline: Die meisten Bilder hast du von deiner Louise.

Louis Ferdinand: Ich besitze noch mehr Silhouetten. Dies Köpfchen schnitt ich nach ihr an einem Sommerabend. Betrachte diese Linie!

Pauline: Keine Neuigkeit. Sie ist die dekolletierteste Frau am Hof.

Louis Ferdinand: Ach, sie ist ja nicht wiederzugeben.

Pauline: Bist du verliebt in die Königin?

Louis Ferdinand: Du bleibst ein Närrchen! Aber jetzt mußt du fort.

Pauline: Gehörst du einer anderen? Sage es! Ich klammre mich nicht an dich. „Vive la liberté!" Dein Wappenspruch! Was sollen die Mützen auf dem Kamin! Pfui! Schweiß.

Louis Ferdinand: Laß sie bitte liegen.

Pauline: Ich bleibe bis morgen.

Louis Ferdinand: Unmöglich.

Pauline (wirft die Mützen zur Erde): So trample ich auf allen herum.

Louis Ferdinand: Wir sehen uns ja im Hofkonzert wieder.

Pauline: Das blödsinnige Hofkonzert! Ich will nicht hin!

Louis Ferdinand: Hör auf mich.

Pauline: Nicht wieder dieses: „Du mußt fort"! Ich laß mich nicht schicken!

Louis Ferdinand: Ist der Zettel für mich? (Nimmt ihr eine Rechnung fort.)

Pauline: Wie? was sagst du! Lies nicht so lang! Doch nicht meine Schuld. Alles wird teuer! Der einfachste Volant: gleich 10 Silbertaler.

Louis Ferdinand: Erledigt. — Nun? Mädel: Wirst du nun kommen?

Pauline: Du Jäger! Du Musikus! Mein Ferdi!

Louis Ferdinand: Und nimm die schwarze Toga um, die ich dir schenkte.

Pauline: Schwarz? Nein, mein Süßer! Liebster! Bunt werde ich kommen, tausendmal feuriger als draußen das ganze Abendrot. (Ab.)

Louis Ferdinand (während er die Bilder ordnet): Sie sehen sich doch alle ähnlich! — Alle? (Hebt die Mützen auf.) Eure Augen! Meine stinkenden, geliebten Bürger.

v. Nostiz (mit Hohenlohe): Fürst Hohenlohe. (v. Nostiz ab.)

Louis Ferdinand: Sieghafter Feldherr des größten Königs.

Hohenlohe: Junger Prinz, der ihm sehr ähnlich sieht...

Louis Ferdinand: Ihre Augen haben Jünglingsfeuer.

Hohenlohe: Ich komme von der Königin.

Louis Ferdinand: Glücklicher Feldmarschall!

Hohenlohe: Ist die Mappe studiert?

Louis Ferdinand: Eingehend. Aber ich kann die Denkschrift nicht an den König weitergeben; wenn sie auch Leute wie Stein und Hardenberg vertreten.

Hohenlohe: Ich wußte, daß sie ablehnen würden, ehe sie zwingende Gründe gehört.

Louis Ferdinand: Ich mische mich nicht in Königsrechte.

Hohenlohe: Aus Westfalen trafen unverständliche Depeschen ein. Fast sieht es aus, als wolle Napoleon Hannover wieder an England geben.

Louis Ferdinand: Der Kronrat wäre einberufen.

Hohenlohe: Französische Infanterie hat die Grenzen überschritten.

Louis Ferdinand: Das wäre wider das Völkerrecht! Der König hat Einspruch erhoben?

Hohenlohe: Ob der König Einspruch erhoben hat?

Louis Ferdinand: Fürst! Etwa wieder Haugwitz und Lombard im Spiel?

Hohenlohe: Majestät hört auf beide...

Louis Ferdinand: Trägt der Lombard neuerdings nicht eine Glasperücke? Da im Kamin verkohlen die Reste seines neuesten Werkes. Soll er nur. Aber wenn er Preußens Politik weiter aus Glas spinnt, wie seine Perücke... Wie äußerte sich die Königin?

Hohenlohe: Unsere gnädige Frau von Paretz gab Order, augenblicklichst nach Berlin zu übersiedeln.

Louis Ferdinand: Holla! Ihr Paretz gäbe sie auf!

v. Nostiz (meldet): Der Wagen. (Ab.)

Louis Ferdinand: Begleiten Sie mich in das Hofkonzert?

Hohenlohe: Entsinnen Sie sich: Ein Schuß, zu nah an meinem Ohr abgefeuert, nahm mir die Freude an Musik; seit der Zeit höre ich es immer nur donnern!

Louis Ferdinand: Ich fahre Sie in Ihr Palais. Verehrter Fürst, welcher Mensch, der Mensch ist, wäre nicht friedliebend.

Hohenlohe: Von uns weiß es die Welt.

Hohenlohe und Louis Ferdinand: Aber es gibt Ausnahmen.

Louis Ferdinand: Zum Donner: ja!

Hohenlohe: Ganz gewiß.

Louis Ferdinand: So stecke ich die Denkschrift in meine Rocktasche. Das heißt: Weshalb übergibt sie nicht der Herzog v. Braunschweig, als Nestor der Generale?

Hohenlohe: Sein Verdienst ungeschmälert; aber man munkelt: der Herzog sei verliebt.

Louis Ferdinand: Ein Grund! So bleiben Sie!

Hohenlohe: Ich?

Louis Ferdinand: „Ich"! In ihrem Gesicht zuckt keine Muskel. Doch fühle ich etwas zwischen uns, das sehr lebendig?

Hohenlohe: Ersparen Sie mir eine Antwort, lieber Prinz. (Beide ab.)

Zweite Szene.
Schloß zu Berlin, Galerie-Treppe.
(Treiben der Dienerschaft, auf der Treppe Pagen.)

Kurt (zu den Pagen, die auf beiden Seiten der Treppen stehen): Exzellenz Lombard leuchtet heran.

Max: Mit Hans Huckebein, dem Unglückskanzler.

Kurt: Jetzt könnten wir sie erwürgen.

Max: Gleich unter der Treppe verscharren.

Pagen: Achtung!

Lombard (mit Graf Haugwitz): Ach, liebste Pagen, ich ließ meine Puderquaste in einem der Säle liegen.

Kurt: Eure Exzellenz, es sieht aus, als schmölze das Glas.

Lombard: Ich ließ meine Puderquaste in einem der Säle liegen. (Pagen ab.)

Lombard (setzt sich): Eine Atempause für uns, solang der König betet; denn daß er's tut, cher comte, c'est sure; je connais notre roi.

Haugwitz: Ach! Lombard!

Lombard: Haugwitz, welchen Eindruck haben Sie bis jetzt?

Haugwitz: Ach! Lombard!

Lombard: Rücken wir unter den Kerzen fort! Nach meinem Dafürhalten ist der bisherige Verlauf des Kronrates zufriedenstellend.

Haugwitz: Hm! (schnupft) hm!

Lombard: Alles ganz von unserem Willen geleitet.

Haugwitz: Aber würde Majestät wohl unsere Entschlüsse auch dann billigen . . .

Lombard: Ein junger Monarch braucht nicht alles wissen! Ersparen wir ihm zwecklose Konflitte. Cher comte: er glaubt an Gott . . .

Haugwitz: Mir ist nicht lächerlich zumute. Napoleon wird uns kein Schönbrunn mehr geben.

Lombard: Liebster: Gott will Frieden. — Schnell noch einen Blick in den Konzertsaal. (Die Treppe hinauf: Geladene Gesellschaft.)

Haugwitz: Wenn Majestät früher erschiene!

Lombard: Lassen wir noch die schönen Frauen passieren! Reizende Durchsichtigkeit! La mode de Paris! Mais le décolleté? mon comte: est-ce que vous voyez quelque-chose? Moi je ne vois absolument rien. Vor unserer hohen, reinen Herrin nehmen selbst die teuflischsten Racker einen Heiligenschein an.

Graf Romberg (die Treppe herunter): Unerhört! Unerhört! Die Prinzessinnen haben keine Pagen.

Lombard: Liebster Kammerherr.

25

Graf Romberg: Darf ich Plätze reservieren?

Lombard: Aber wieder zwischen ein paar Pflänzchen der Hölle! Verstehen wir uns?

Haugwitz: Wär's erst glücklich vorbei. (Mit Lombard ab.)

Kurt (kommt mit Pagen): Die Puderquaste!

Max: Die Puderquaste!

Pagen: Die Puderquaste!

Graf Romberg: Pagen! Pagen!

Kurt: Wir folgen dem Staatskanzler in den Kronrat. (Einige Pagen ab.)

Graf Romberg: Den Herzog von Braunschweig hinaufgeleiten!

Braunschweig (kommt): Bon soir! Bon soir! Sind die Weiber schon oben?

Graf Romberg: Mon Dieu! Eure Hoheit! Doch zu dem Konzert keinen Marschallstab!

Braunschweig: Um so besser und leichter. Ein paar Blumen dafür! Was wird denn musiziert?

Graf Romberg: Probablement des compositions du Baron de Beethoven.

Braunschweig: Ach Gott! ach Gott! Haben die jungen Herren wenigstens tüchtig getrunken? In Ihrem Alter war ich nie nüchtern.

Graf Romberg: Hoheit sehen vorzüglich aus.

Braunschweig: Ist denn der Stolz der Weiber schon oben?

Graf Romberg: Majestät? Nein! Aber schöne Damen! schöne Damen!

Braunschweig: Los! Los! Jeder so alt, wie er sich fühlt! Was, junge Herren? Mit dem Orden wird man von keiner Weiblichkeit vernachlässigt. (Über Treppe ab mit Pagen.)

Graf Romberg: Platz! Für Prinz Oranien Platz!

Graf Retwitz (kommt mit Prinz Oranien): Eure Durchlaucht prüfen die Halle so kritisch?

Prinz v. Oranien: Ich bin im Berliner Schloß?

Graf Retwitz: Sozusagen.

Prinz v. Oranien: Welch wichtiges Trepp auf, Trepp ab? (Beklopft eine Säule.) Pappe?

Graf Retwitz: Untertänigst: Pappe. Sehr wohl.

Prinz v. Oranien: Auf ihr ruht doch dieses Gewölbe nicht?

Graf Retwitz: Keine Rede. Diese Dorersäulen hat Seine Königliche Hoheit Prinz Ferdinand errichten lassen. Sozusagen sollten diese Räume für sein Hofkonzert in einen Griechentempel verwandelt werden.

Prinz v. Oranien: Hier werden Konzerte gegeben?

Graf Retwitz: Täglich! Täglich! Eure Durchlaucht werden Berlin nicht wiedererkennen. Mit Paris nehmen wir es sozusagen bald auf.

Prinz v. Oranien (vor den Fahnen): Neue Seidenlappen?

Graf Retwitz: Prächtig! Prächtig! Die Standarten von Hohenfriedberg.

Prinz v. Oranien: Waren sie nicht zerfetzt und kugeldurchlöchert?

Graf Retwitz: Zerfetzt. Ganz recht. Sozusagen faustdicke Löcher.

Prinz v. Oranien: Standen nicht in den Tagen des großen Königs über den Türen flügelschlagende Adler?

Graf Retwitz: An Stelle der römischen Kreuze?

(Prinz v. Oranien ab.)

Graf Retwitz: Unangenehmer Mensch! Wundert sich über die neuen Fahnentücher...

Graf Romberg: Sie vergessen: Der Mann kommt aus Paris. Dem Mann hat Napoleon seine Ländchen kassiert.

Graf Retwitz: So'n Blitzkerl!

Graf Romberg: Wer?

Graf Retwitz: Eben der Napoleon. Also der Oranien hat sein Reich sozusagen nicht mehr von dieser Welt? In Amt und Würden stirbt eben nur der Kammerherr.

Graf Romberg: Wir wissen ja auch, warum wir es sind.

Graf Retwitz: Unserm Kollegen in Württemberg soll ja der Großkordon der Ehrenlegion verliehen sein?

Diener (kommt): Vor den Stühlen der allerhöchsten Herrschaften tropfen die Kronen.

Graf Retwitz: Um Gotteswillen!

Diener: Ich meine die Leuchter.

Graf Retwitz: Die Leuchter! Ja, Mann, so sollen unverzüglich neue Kerzen aufgesteckt werden. (Alle drei ab.)

Wiesel (mit Pauline): Du weißt den Weg, Pauline?

Pauline: Über die Treppe?

Wiesel: Und oben den Gang hinunter. Er führt zum Konzertsaal.

Pauline: Für deine Begleitung vielen Dank.

Wiesel: Meine Liebe: Ich komme voraussichtlich diese Nacht nicht zurück! Staatsgeschäfte.

Pauline: Ganz wie es meinem Mann beliebt.

Wiesel: Wenn ich dich in nächster Zeit ein wenig vernachlässigen muß, wirst du dich zurechtfinden?

Pauline: Wie mein verehrter Mann es will, ist es mir recht.

Wiesel: Ich küsse Ihre Hand. Sie sind eine artige Dame.

Pauline: Ich kenne die Ihnen gebührende Achtung.

Wiesel: Verständig! höchst verständig, wie ich Paulinen will. Auch unser Prinz wird den Kopf nicht so frei haben wie sonst. Unterstützen Sie mich und erleichtern es ihm.

Pauline: Unser Prinz? Er wird der Ehre und dem Ruhm, wenn Sie für ihn solches erstreben, wohl kaum viele Stunden opfern.

Wiesel: Ihre Angst rührt mich, Madame; sehr aufrichtig. (Pauline über die Treppe ab.) Holz?

Holz: Aus der Wilhelmstraße zurück. Regierung wie Kabinett leugnen, von Pariser Depeschen Kenntnis zu haben. Lombard war auf der französischen Botschaft über eine Stunde.

Wiesel: Die Bürger werden es erfahren?

Holz: Durch Sonderblätter auf allen Plätzen!

Wiesel: Trafen Sie Graf Haugwitz an?

Holz: Er war unterwegs zum König und schien etwas zu wissen.

Wiesel: Aber der Inhalt der einen Depesche?

Holz: Er wollte nicht mit der Sprache heraus. Sagte nur: „Man wüßte nie, wie oben die Luft ginge."

Wiesel: Die freundlichen Jagdartikelchen über Prinz Ferdinand stehen in der Abendzeitung?

Holz: Ist schon ausgetragen!

Wiesel: Seine Bilder sind in allen großen Schaufenstern ausgestellt?

Holz: Er bildet das Gespräch der Passanten.

Wiesel: Machen Sie noch einen Sprung in unsere Weinstube. Bitten Sie die Künstler, sich zu gedulden. Möglicherweise erscheint Prinz Ferdinand vor Konzertende. Haugwitz weiß nicht, wie die Luft oben geht?

Holz: Des Grafen Worte.

Wiesel: Gut: Huschen Sie durch die Straßen! Wir treffen uns an der alten Laterne Gendarmenmarkt. Dort brauche ich Nachrichten.

Holz: Werden Exzellenz unter den Künstlern sein? (Holz ab.)

Wiesel: Haugwitz weiß nicht, wie der Wind oben geht...

Dusseck (mit zwei Musikanten): Das Göttlichste, was Prinz Ferdinand jemals komponiert hat; aber die Flöten im Zaum gehalten, Schulzinoso. 14 Takte Pause oder es fliegt ein Notenbündel. Dann aber gefälligst an die Wolken: wie Lerchenflug. Di! Di!

Schulze: Li! Li! Li!

Dusseck: Li! Recht! Die Passage nannte unser Beethoven: „göttlich". Ach, Freunde: Die Musik! Die göttliche Musik!

Graf Romberg (kommt): Herr Musikdirigent, Ihr Konzert wird einer Verzögerung ausgesetzt sein.

Dusseck: Du Pauken-Engel fährst wie Gottes Donner in die Sturmflut des Presto.

Graf Romberg: Ich machte Sie darauf aufmerksam: Ihre Musik wird sich gedulden müssen. (Ab.)

Dusseck: Freudig, Engel! Donnerfroh! Mit deinen Paukenwirbeln begleitest du gewissermaßen die Sternenfahrt der Helden! Wo in der Literatur gibt es ein königlicheres Finale?

Wiesel: Nur die Betrönung fehlt ihm.

Dusseck: Sind Sie musikalisch?

Louis Ferdinand (kommt): Wiesel? Schon zur Stelle! Das nenn ich Pünktlichkeit.

Wiesel: Wer immer pünktlich ist, kommt nicht zu spät.

Louis Ferdinand: Gottlieb!

Dusseck: In der Musik Geliebtester! Das Konzert wird aber auch sogleich seinen Anfang nehmen.

Louis Ferdinand: Laß Dein Orchester rauschen auf Adlersflügeln!

Dusseck: Kommt! Kommt! Kommt! (Musiker und Dusseck ab.)

Louis Ferdinand (zu Nostiz, der kommt): Ihr Mund lächelt nicht, Nostiz?

Graf Romberg (eilt vorbei): Allerhöchster Befehl: Die Herren Minister zum König!

Louis Ferdinand: Kommt er nicht in das Konzert?

Graf Romberg: Der König? Majestät! Ich glaube nicht. Ich glaube bestimmt nicht. (Ab.)

v. Nostiz: Hoheit, bedauerlich ...

Louis Ferdinand: Nun?

v. Nostiz: Napoleon hat Hannover an England zurückgegeben.

Louis Ferdinand (zieht einen Ring vom Finger): Der Brillant für Sie!

v. Nostiz: Prinz?

Wiesel: Bravo.

Louis Ferdinand: Erwarten sie mich. (Nostiz ab.)

Wiesel (liest): Dem tapfren Prinzen — die Armee!

Louis Ferdinand: Du kennst doch die Schärpe.

Wiesel: Dein Blut glüht bis in das Metall hinein.

Louis Ferdinand: Ich habe Vertrauen zum König.

Wiesel: Die Augen geschlossen?

Louis Ferdinand: Es gibt ja keine andre Antwort als Krieg; oder gäbe es eine? Im Bereich der Ehre finde ich sie nicht.

Wiesel: Musik? Ihre Symphonie! Voran, Maestro! Nun? Festgewachsen?

Louis Ferdinand: Ach! Glücklichster König!

Wiesel: Aus dem Rittersaal kommen die Pagen.

Louis Ferdinand: Um diese Stunde?

Wiesel: Die jungen Herren werden unter sich Konfekt verteilen.

Louis Ferdinand: Tritt hinter mich. (Beide oben auf der Galerie.)

Heinz (zu den Pagen): Spielt eure Komödie vor wem ihr wollt! Lernt die Marseillaise dazu! (will fort.)

Kurt: Hiergeblieben!

Heinz: Ich muß zu meinem hohen Herren.

Kurt: Wir spielen dir den erlauchten Kronrat vor.

Louis Ferdinand: Kronrat? Tagt etwa der Kronrat?

Wiesel: Warten Sie ab.

Kurt: Max spielt den Lombard! Wer den König?

Alle (durcheinander): Ich! Ich!

Kurt: Den König gebe ich! Du, Albert, den Haugwitz. Spitz die Ohren, Heinz! Lombard: Beginne!

Max: Eurer Majestät submittiere untertänigst; aber wir müssen Frankreich Konzessionen machen. Jetzt mit dem Säbel zu rasseln, das hieße Bier zu Austern trinken: die Affären sind delikat und verlangen Champagner.

Kurt: Dabei weiß jede Maus in Preußen, daß es auf Hauen und Stechen geht. Gib acht, Heinz, was der König zur Antwort hat.

Wiesel: Ruhig, Prinz. Preußens politischer Olymp, doch nur im Amorettenspiel.

Pagen: Wie Kurt den König trifft.

Kurt: Meine Herren Minister, ich habe Bedenken.

Louis Ferdinand: Hölle und Pest!

Wiesel: Wie die kleine Majestät zittert.

Kurt: Ich habe die schwersten Bedenken! Haugwitz, was meinen Sie?

Albert: Eure Majestät, hm (schnupft).

Kurt: Schmatz nicht.

Albert: Wenn ich Haugwitz bin, muß ich schmatzen.

Kurt: Weiter.

Albert: Also. "Eure Majestät. Gott füge es, daß unsre

Politik auf dem Daumen bleibt. Ich denke, wir balancieren sie gut."

Kurt: Ach, warum können wir nichts Großes erleben.
Max: Der kleine Hardenberg hat ein Gedicht gemacht.
Pagen: Vorlesen!
Kurt: Zugehört:

    Brüder, Brüder, welches Glühen
    Um des Vaterlands Altar.
    Welch ein übermütig Sprühen,
    Aufgewacht, es droht Gefahr.

Max: Unser Hardenbergchen.
Pagen: Weiter! Weiter!
Kurt: Horcht, schon ächzt die deutsche Erde
    Unter Frankreichs Tyrannei.
    Aufgewacht und auf die Pferde.
    Nur der Kampfplatz macht uns frei.

    Dieser Sand in Jugendwellen
    Türme sich zum Ozean
    Heilger Kraft voll, zu zerschellen
    Korsenfrechheit, Mann für Mann!

    Jubelnd wie Sankt Georgs Ritter,
    Sternendrohend unser Sitz,
    Sei der Pulsschlag das Gewitter.
    Unser Atem sei der Blitz.

Pagen: Nach Frankreich!
Kurt: Halt! Ein Prinz fehlte im Kronrat!
Pagen: Louis Ferdinand.
Heinz: Mit ihm werdet Ihr nicht nach Frankreich gehen.
Kurt: Unke!

Heinz: Er hat ein Blutmal auf der Brust.
Pagen: Was ist das?
Heinz: Ihr wißt nicht, was ein Blutmal ist?
Pagen: Nein!
Heinz: Eben ein Blutmal! Ich weiß es! Zuverlässigst!
Kurt: Dieses Blutmal hat er sich bei einer Löwenjagd geholt. So hat er den König der Tiere gehalten! (Schüttelt Heinz.)
Heinz: Laß mich!
Kurt: Umarmt hat er ihn, als seinesgleichen. Lies Deinen Livius. Wer von Euch weiter Strickbeutel suchen will und Schüsseln herumreichen, tue es!
Pagen: Keiner!
Kurt: Folgt mir! (Pagen ab.)
Wiesel: Es hat Ihnen etwas den Atem benommen.
Louis Ferdinand: Woher weiß er das, Wiesel? Woher weiß der Page das. Und diese Deutung. Ich werde nicht nach Frankreich gehen...
Wiesel (am Fenster): Dort stürmen sie aus dem Schloßtor.
Louis Ferdinand: Den König so zu verleumden!
Wiesel: Und mit welchem Recht!
Louis Ferdinand: Ja, Wiesel: mit welchem Recht! Auch im König lebt ein Gefühl, das, einmal verletzt, sich bäumt und Vergeltung will.
Wiesel: Weshalb betonen Sie „auch" beim König? Ich denke gerade bei ihm.
Louis Ferdinand: Du drehst meine Worte um.
Wiesel: Weshalb nehmen Sie den Hut ab? Sie bekommen im Gesicht rote Flecken?
Königin (kommt mit Gefolge): Ich bin jetzt nicht für Musik

empfänglich. Der Hofmarschall soll einen freundlichen Ausweg finden.

Louis Ferdinand (eilt die Treppe herunter): Königin!

Königin: Mein Lieber?

Louis Ferdinand: Ist es Wahrheit, Königin? Der Kronrat tagt?

Königin: Der König berief ihn.

Louis Ferdinand: Ich habe ein Recht, daran teilzunehmen! Ich bin Prinz von Geblüt. (Will fort.)

Königin: Gehen Sie ohne Befehl nicht hin.

Louis Ferdinand: Aber meine Phantasie ist angstgequält.

Königin: Ich bitte Sie darum.

Louis Ferdinand (leise): In welche Himmel seh ich!

Königin: Kommen Sie zu sich.

Louis Ferdinand: Um Ihre Schultern das rote Tuch versprachen Sie mir.

Königin: Prinz!

Louis Ferdinand (reißt verwirrt die Denkschrift heraus): O, gehen Sie — —, Majestät, geben Sie dem König diese Denkschrift. Für Preußen weiß ich keinen anderen Fürsprecher.

Königin: Ist es so von Gewicht... und deine Augen bürgen mir dafür, so will ich gern bei meinem Gemahl die Vermittlerin sein.

Louis Ferdinand: Von Gewicht! Was ist von Gewicht? Vielleicht ist es; vielleicht auch nicht, vielleicht ist's überflüssig.

Königin: Du sagst, für Preußen ist es. Ich gehe. (Ab mit Gefolge.)

Louis Ferdinand: Die Luft glänzt ihr nach! — Jetzt

aus dem Grabmal von Jahrhunderten die Seele Cäsars oder Alexanders.

Wiesel: Und heimlich dem König zugesteckt.

Louis Ferdinand: Schon wieder: Nostiz?

v. Nostiz (kommt): Ihre Majestät lassen Euer Hoheit bitten, sich den Zutritt zum Kronrat nicht zu erzwingen.

Louis Ferdinand: Das hat in mir kein frohes Echo.

Wiesel: Ein Mißklang?

Louis Ferdinand: Ich soll nicht hin! Gut; gut. Aber bis zur Entscheidung! Wohin soll ich!! Ich darf nicht hin? Ich will nicht hin ... Will nicht? Darf nicht? Ordnung in meinem Kopf!

Wiesel: Sie werden bereits von Ihren Künstlern erwartet.

Louis Ferdinand: Steht es auf meiner Stirn, daß ich in die Weinstube geh?

Wiesel: Ich nahm es an.

Louis Ferdinand: Merkwürdige Annahme! (Ab.)

v. Nostiz: Versteh ich nicht ...

Wiesel: Guter Herr, der Prinz wünscht, daß ihm sein Page die Bürgermützen nachträgt.

v. Nostiz: Das wäre des Prinzen Wunsch?!

Wiesel: Er äußerte ihn.

v. Nostiz: Ich bin zwar nicht gewohnt, Befehle zu empfangen aus Ihrem Mund ... (Ab.)

Wiesel: Bündel Puppen insgesamt! (Zu Pauline, die treppab eilt:) Wohin?

Pauline: Louis Ferdinand war hier.

Wiesel: Sie hören das Konzert nicht zu Ende?

Pauline: Hier keine Szene!

Wiesel: Habe ich auch ein Blutmal, Pauline?

Pauline: Wie meinen Sie das? Ich weiß nicht, wie ich es verstehen soll...

Wiesel: Nicht? — Nun, dann zur Sache, mein gnädiges Persönchen! Unser Prinz ist im Dienst.

Pauline: Unser Prinz! Mit welchem Recht: Ihr Prinz? Lassen Sie doch ab... von dem Wahn!

Wiesel: Bitte: noch einmal.

Pauline: Was kümmert Sie der Prinz!

Wiesel: Du schleichst mir nicht in meine Kreise!

Pauline: Kreise! Kreise! Schillert Wiesels Wissen so süß .. wie der Leib!

Wiesel: Ausgezeichnet!

Pauline: Ich darf Sie erst morgen erwarten?

Wiesel: Denken Sie nicht an mich in ihren Träumen. Das hieße zuviel Höflichkeit in Anspruch nehmen! Madame! (Ab.)

Graf Romberg (mit Dienern): Um Jesu Willen. Weiß, wie meine Handschuh?! Darf ich meinen Arm devotest anbieten? (Gibt Pauline den Arm.) Prinz Ferdinand ist in sein Palais gefahren. (Pauline gibt den Arm frei.) Nichts für ungut, gnädige Frau. (Zu Dienern.) He! He! Führt Madame Wiesel an den Wagen. (Pauline ab.)

Graf Retwitz (oben auf der Galerie): Graf, Graf, Sie haben unsere Pagen nicht gesehen?

Graf Romberg: Was denn, sind sie fort?

Graf Retwitz: Irgend jemand muß sie versehentlich beurlaubt haben.

Graf Romberg: Nicht auszudenken, nachdem Prinz Siam der Schwarze Adler verliehen.

Graf Retwitz: Es ist nicht auszudenken. Sozusagen. (Ab.)

Prinz v. Oranien (kommt): Wo treffe ich den König?

Graf Romberg: Bitte sehr. Bitte sehr. Ich habe denselben Weg. Ich bringe Majestät das morgige Hofprogramm! Aber wenn Euer Durchlaucht schon davon Kenntnis nehmen wollen. (Prinz v. Oranien liest.) Die ernsten Gerüchte nämlich, die verbreitet waren, sind niedergeschlagen. Seine Hoheit der Herzog von Braunschweig haben geäußert: Napoleon würde es niemals wagen, den Staat Friedrichs des Großen anzugreifen.

Prinz v. Oranien: Was sagen Sie?

Graf Romberg: Wie befehlen?

Prinz v. Oranien (liest): Parade? Gottesdienst? Diner? Gartenfest mit ...

Graf Romberg: Ballett. Ballett. Ballett!

Prinz v. Oranien: Wird es draußen nicht stürmisch werden?

Graf Romberg: Ich glaube nicht, ich glaube bestimmt nicht, außerdem sind Mäntel gestattet.

Prinz v. Oranien: Weiße Beinkleider? Waffenrock mit Ordensband? Es ist nicht zu ersehen, wie es sich mit dem Bande verhält, wenn man den Mantel trägt?

Graf Romberg: Ich denke wohl, das Band über dem Mantel.

Prinz v. Oranien: Sind Sie sicher?

Graf Romberg: Ich werde mich erkundigen. Hat es Zeit bis zum Abend? Ich habe noch das Tafelplacement aufzustellen. Nun, jedenfalls schicke ich Nachricht. Ich schicke sogar bestimmt Nachricht. Ich entsinne mich jetzt — das Band wird über dem Mantel getragen werden.

Graf Retwitz (tritt auf): Die Pagen!

Prinz v. Oranien: Worüber grämen Sie sich?

Graf Retwitz: Ach! Die Pagen! Niemand da, die Schleppen zu tragen.

Prinz v. Oranien: Es geht Ihnen nah? (Ab.)
Graf Retwitz: Schrecklich. Schrecklich, Herr Prinz.
Graf Romberg: Nämlich wirklich schrecklich. (Ab.)
Graf Retwitz (auf der Treppe): Welch miserablen Eindruck wird es auf Prinz Siam machen. Verdammte Bengels. Sozusagen. (Setzt sich auf die Treppe.)

Dritte Szene.
Eine Weinstube.
(Dr. Lazarus. J. Ph. Wenzel. A. Zeitblom. v. Egidy. Zwei Kellner.)

A. Zeitblom: Und somit, o Freunde: Immer, wenn ein neuer Korken springt, küssen wir unsere Harfe.

Alle (tun es).

A. Zeitblom: Hört: Wieder ihr feines Klingen! O empfangen wir alle Eingebungen mit dem heiligen Tönen dieser königlichen Harfe.

J. Ph. Wenzel: Mehr Punsch! Chambertin! Ist das eine würdige Feier?

1. Kellner: Wachholderbranntwein? Oder Georginen- und Asternbowle?

Dr. Lazarus: Euer Weinzettel ist armseliger, als die Kasse unseres großen Kant — und da herrscht Ebbe!

v. Egidy: Die Batterie leerer Flaschen aus dem Fenster gefeuert!

J. Ph. Wenzel: Wie? es gäbe nichts anderes mehr als diese Dallachschen Beefsteaks?

1. Kellner: Pückler! Salat! Und tausend sublime Dinge.

J. Ph. Wenzel: Vom verstaubtesten Ungarwein: 6 Bouteillen!

v. Egidy: Lieber Professor, fällt die Vorfeier nicht zu gründlich aus? Bis der Prinz kommt, sind wir betrunken.

2. Kellner: Meister Zeitblom, die Farben sind gemischt.

A. Zeitblom: Was meinten Sie, entzückender Herr?

2. Kellner: An dem Gemälde wird heute nichts getan?

A. Zeitblom: Heute nicht! Heute nicht! Vor allem, o Bester, ziehe Stiefeln an! Eile zum Meister Duffeck.

v. Egidy: Halt! Ins Schloß, Bursche? So wittre die Stimmung aus! Meldest du, daß es nach Pulver riecht, gehört dir ein Friedrichsd'or.

A. Zeitblom: Ein paar lustige Musikanten soll er aufsammeln: Klarinette, Flöte, Hoboe! Aber Eile! Wir schmachten nach verlockenden Seufzern einer Musik.

J. Ph. Wenzel (hinterher): Bestellt dem Meister: Wir könnten mit „Nutzen" zusammen trinken. (Beide Kellner ab.)

Louis Ferdinand (über die Wendeltreppe): Euch sehen!

Dr. Lazarus (blickt ein Glas an): Der letzte Tropfen Johannisberger Schloßwein; von nobelster Physiognomie.

Louis Ferdinand (bemerkt Egidy): Auch Egidy?

v. Egidy: Untertänigst, Eure Hoheit.

Louis Ferdinand: Aber die Uniform mag ich jetzt unter uns nicht.

A. Zeitblom: Behende in meinen Malkittel geschlupft. (Hilft Egidy in seine Jacke.)

Louis Ferdinand: Bravo! Ihr helft euch über alles! Wirklich! ich könnte mich jetzt auch nicht mehr auf den Grund meines Mißbehagens besinnen.

Alle: Bibamus!

Louis Ferdinand: Prost! (Trinkt.) Eure Köpfe glühen ja wie erleuchtete Kürbisse.

J. Ph. Wenzel (studiert den Speisezettel): Die bösen Nebel! Hoheit! Die ganze Luft hat Katarrh!

Louis Ferdinand: Philippus! Trat ich auf deinen fettigen Lindwurm? Wie lange bäumt und rollt er sich dir heut schon zwischen den Beinen auf?

J. Ph. Wenzel: Ach, die Welt hat keine Erfindung mehr! An dem Menu verdarb sich schon Erwin von Straßburg den Magen.

Louis Ferdinand: Und doch hat der Speisezettel die schleppende Länge eines Kronrates...

Dr. Lazarus: Es lebe — nicht die politische, nein, die göttliche Welt der Wissenschaft!

A. Zeitblom: Darauf nippe ich vom keuschen Schaum des Champagners! O ja, teuerster Prinz, feiern wir bei uns doch nicht die eingepelzten Kriegsgötter Skandinaviens, sondern denken wir bei dem Harfensymbol an ein sanftes, griechisches Profil.

Louis Ferdinand: Wer hat unser Spinett rot lackiert?

A. Zeitblom: Ich fand, rot ist eine so duftende Farbe.

Louis Ferdinand: Man umkleidet seine liebsten Gedanken damit.

v. Egidy (hilfsbereit): Eure Hoheit wollen spielen?

Louis Ferdinand (mit den Notenblättern): Agrikola, Kreuzer... Zappelnde Eintagsfliegen! Auch Hummel. (Wirft die Noten zu Boden.)

v. Egidy: Welche Noten suchen Sie?

Louis Ferdinand: Verbrannt an einer Sonne! Alle!

v. Egidy: Bitte das Adagio, das Eure Hoheit komponierten! Untertänigste Bitte.

Louis Ferdinand: Egidy, Sie sind kein Künstler! (Wirft es zu den andern Noten, beginnt zu spielen: Sonate 4, Opus 7, 2. Satz.)

A. Zeitblom: O still! Beethoven! Geister winken uns in ihren luftigen Harmonienkranz.

J. Ph. Wenzel (zum 1. Kellner, der Punsch bringt): Tapfrer Knappe; draußen, wo die Linden düstern, ließ ich meine Tonpfeife liegen.

Dr. Lazarus: Den Fidibus! Licht in meine philosophische Arbeitslampe. (Steckt sich eine Pfeife an.)

J. Ph. Wenzel: Nicht den! Varinas Knaster.

1. Kellner: Wo liegt der Tabak?

J. Ph. Wenzel: Auf dem ritterfesten Buxbaumtisch.

v. Egidy (der Louis Ferdinand die Noten wendet): Meister Angelitus besteigt das Gerüst.

Louis Ferdinand: Malen? So führe den Pinsel wie unser Albrecht Dürer!

A. Zeitblom: Ich bin sehr glücklich! aber fern von mir solch Vergleich. (Er beginnt zu malen.)

J. Ph. Wenzel: Jüngling! Dafür sei feurig umarmt! Durchbrich tapfer die Wölbung, deren Kalk uns so frostig zu Häupten hängt.

A. Zeitblom: O! Horcht auf des Prinzen Spiel! In ihm lebt süßeste Verkündigung! Meine Farbe schafft sie nach in seliger Hingebung.

Dr. Lazarus: Unser Professor umarmt seinen Römer! Wie? Weint etwa der Jünger der Clio?

J. Ph. Wenzel (schluchzend): Daß Barbarossa sterben mußte!

Dr. Lazarus: Jahrhunderte trösteten sich

J. Ph. Wenzel: Ja, aber er war ein so tapferer Ritter! Er war ein Recke! Ich stoße auf alle Recken an.

Louis Ferdinand (hat sein Spiel plötzlich abgebrochen)

v. Egidy: Was ist?

Louis Ferdinand: Kam nicht jemand? (Geht auf die Treppe.)

Dr. Lazarus: Wer kam?

A. Zeitblom: O! Eine zaubrische Gewalt läßt unsere Harfe tönen!

Dr. Lazarus: In Wahrheit! Die Saite klingt laut und rein.

v. Egidy (zu Louis Ferdinand, der zurückkommt): Jemand dagewesen?

Louis Ferdinand: Stürmischer Oktoberhimmel! Wind. (Beginnt wieder leise sein Spiel.)

Dr. Lazarus: In dieser sublunarischen Welt schießen mondsüchtige Gedanken ins Kraut wie Petersilie! Darum heran mit dem Seziermesser der Philosophie...

Louis Ferdinand: Ihr Weisen! Unergründlich ist die Natur.

Dr. Lazarus: Aber der Geist erfüllt sie.

A. Zeitbom: O Himmel, ihr Freunde...

v. Egidy: Der Meister lehnt erschöpft an der Wand.

Dr. Lazarus: Geglückt! Beim Stabe Jakobs!

J. Ph. Wenzel: Wie holde wallt der Rotbart des Kaisers!

Louis Ferdinand: Angelikus! Welch Frauenbild!

A. Zeitblom: Eine unsichtbare Macht führte die schwache Hand!

Louis Ferdinand: Höchst königlich der Bau ihrer schlanken Glieder. Er durchleuchtet den Flor der Gewänder!

Dr. Lazarus: Drei Monde quälte sich unser Zeitblömchen damit ab.

Louis Ferdinand: Dafür gelang dir die Seele unserer Seelen.

A. Zeitblom: O Prinz, ihre ätherische Phantasie beschämt mich.

J. Ph. Wenzel: Er würde Germanien völlig restaurieren.

Louis Ferdinand: Ganz Europa müßte dies Antlitz tragen!

A. Zeitblom: Das wäre das Paradies. (Zum 1. Kellner:) O, Bester! Die Wachskerzen lebendig! Ihr stiller Honigduft umblühe uns.

Louis Ferdinand (während der Kellner neue Kerzen anzündet): Sich einmauern lassen! Und spinnen mit euch!

Dr. Lazarus: Risse uns nichts auseinander, quamdiu sol et luna splendebunt.

2. Kellner (kommt): Den Korb soll ich abgeben.

Alle: Deckel ab!

A. Zeitblom: Täubchen!

Alle: Tauben!

Louis Ferdinand: Grausam! Flügelkraft hinter Gittern zu sehen.

A. Zeitblom: Nicht fliegen lassen! Unter uns: Heiliges Blut.

Louis Ferdinand (zum 2. Kellner): Wer schickt dich?

2. Kellner: Auf dem Gendarmenmarkt, ein seltsamer Herr.

Louis Ferdinand: Wie sah er aus?

2. Kellner: Er trug einen gelben Mantel.

Louis Ferdinand: Gelb!

2. Kellner: Oder grün, oder grau! Es war im Laternenlicht.

A. Zeitblom: Taubenblut in den Wein!

Dr. Lazarus: „Regina potentissima Semiramis a columbis enutrita, ac denique in columbam mutata creditur."

A. Zeitblom: Von Tauben ernährt die Königin Semiramis? In eine Taube verwandelt die Königin Semiramis? (Reißt Egidy den Degen fort.)

v. Egidy: Mein Degen ...

A. Zeitblom: Die Königin! die Königin in eine Taube!

v. Egidy: O, Ferdinand!

1. Kellner: Er hat eine Taube umgebracht!

A. Zeitblom: Süßes Blut träufle in das Feuer unserer Entzückung. (Er läßt das Blut in den Wein tropfen.)

Louis Ferdinand: Nie roch ich Purpur so aus Blut!

A. Zeitblom: O, trinkt! liebste Brüder, trinkt! werdet ihrer teilhaftig.

J. Ph. Wenzel: Dort ziehen sie hin zu den Ufern des alten Rhein, die stolzen Kaisergeschlechter ...

Dr. Lazarus: Ins anatomische Theater des Geistes! Sapientia non multis manifestata est.

J. Ph. Wenzel (rührt in der Punschterine langsam herum): ... Ich sehe es gleißen!

2. Kellner: Wonach löffelt der Herr Professor?

J. Ph. Wenzel: Vom Grunde hol ich das Kaisergold.

Louis Ferdinand (ist aufgestanden): Mein ehrwürdiger Freund, wie ein Prophet des alten Bundes! nichts vom Privatdozent ... und da aus seinem Teutoburger Wald der Barde .. Träumt wie wir vielleicht ein ganzes Volk? — Der Qualm umwickelt sie ganz. Hätt' ich die Ruhe!

Dusseck (kommt): Find ich euch auf. Ach, das Konzert ...

Louis Ferdinand: Rauch meine Pfeife weiter.

Dusseck: Aber der Beifallssturm ...

Louis Ferdinand: Setz dich! — He! Welch Gepolter! (Drei Musikanten erscheinen.) Auf Samtpfoten!

Schulze: Draußen bis an die Spree ...

Louis Ferdinand: Sfft!

Engel: Größte Erregung! Oben im Hof die Offiziere alle zum Schloß!

Reimer: Mein Mundstück dabei verloren . . .

Louis Ferdinand: Leise! (Weckt Egidy.) Egidy!

v. Egidy (verträumt): Ich sah sie in einem sehr bunten Bild!

Louis Ferdinand: Vorauf in den Hof. (v. Egidy verschlafen ab, Louis Ferdinand geht zum Tisch zurück.) Ihr Lieben! Mein Angelikus! (Ab.)

Dusseck: g, fis, fis! . . . (Summt.)

Engel: Kapellmeister?

Dusseck: Trinkt! — fis, g, g.

Reimer: Bitte?

Dusseck: Am Feuer die Finger gelenkig!

Engel: Programm?

Schulze: Die Frostbeulen jucken schon.

Reimer: Was summt Meister Dusseck?

Dusseck (Takt schlagend mit der Pfeife, singt): g, fis, fis — fis, g, g — g, h, d — c, d, c, h, g.

Engel (singt): g, fis, fis . . .

Dusseck: Hüpft in eure Notenlinien!

Musikanten (eckig in ihren Bewegungen, huschen an die Wand und nehmen die von Dusseck gesummte Melodie auf ihren Instrumenten auf [Sonate 20, Opus 42, Nr. 2, von Beethoven]).

Vierte Szene.

Hof vor der Weinstube mit zwei Tordurchblicken auf Berlin.

Wiesel: Schnell das Kostüm fort! Ihre Kameraden! (Reißt Egidy den Malkittel ab.)

v. Bahlen (mit andern Offizieren zurück): Keine Rede, daß der Kronrat zu Ende!

Graf v. Rohr: Irgendein Schuft hatte sich einen Witz gemacht!

Offiziere: Weitergetrunken! Egidy!

Graf v. Rohr: Schon genug von den Genialitätsleuten?
(Aus dem Keller hört man Musik: g, fis, fis usw. Louis Ferdinand erscheint.)

Louis Ferdinand: Noch gewöhnlicher Stammtischdunst?

Graf v. Rohr (der sich wie die andern erhoben): Die Langeweile, Hoheit!

v. Bahlen: Die widerspenstigen Sekunden! Hoheit!

Graf v. Rohr: Wird es Krieg geben?

Louis Ferdinand: Nur den Kopf klar! Niemand weiß, wann der König uns braucht.

Wiesel: Ist es erlaubt, den Märchenberg wieder zu schließen.

Louis Ferdinand: Als ich hineinging, warf die Tür den gleichen Schatten. Geht denn der Mond nicht von der Stelle? (Ab, bleibt im Torweg sichtbar.)

Wiesel (der die Tür zur Weinstube geschlossen): Auf unseres Prinzen Gesundheit!

Alle: Von ganzem Herzen!

Graf v. Rohr: In seiner Nähe ist mir immer, als wäre ich schon General!

v. Bahlen: Spricht der Prinz zu der Nacht?

Graf v. Rohr: Nein. Zu den Sternen!

v. Egidy: „O, daß ich tausend Zungen hätte!" (Ab.)

Graf v. Rohr: Was ist mit Egidy los!?

Alle Offiziere: Hinterher!

v. Böm (ist mit Bürgern im zweiten Torweg erschienen):

kommt! Stecht zu! (Er hält ein Bild auf den Degen gespießt.) „Und wenn der olle Fritze kommt... (usw.)

Graf v. Rohr (zu den Kameraden): Stecht alle zu!

Offiziere (durchstechen das Bild): So läuft die ganze Reichsarmee, Panduren und Franzosen!

Wiesel: Auseinander! (Louis Ferdinand tritt unter sie.)

Wirt: Halten zu Gnaden! Mein wertvolles Gemälde!

Offiziere: Schurke!

Louis Ferdinand: Napoleon? Wetzen Sie Ihre Degen an Pappe!

Offiziere: Das soll gutgemacht werden! (Alle Offiziere ab.)

Wirt (dem Louis Ferdinand das Bild vor die Füße geworfen): Mein Kaiserlicher Herr Prinz!

Louis Ferdinand: Aus dem Weg!

Bürger: Nicht von der Stelle! Wo sind die Mützen? Den Weg verstellt! Mützen!

Wiesel: Dort bringt sie Ihr Page!

Ein Bürger: Er schleicht wie ein Nachtwandler die Straße herauf!

Bürger: Holt ihn!

Wirt: Für's Vaterland zu sterben,
  Wünscht mancher sich;
  Tausend Taler erben,
  Wünsch ich mich.

(Mit Bild ab in die Weinstube.)

Louis Ferdinand (zu Heinz): Zu rechter Zeit!

Heinz (mit Mützen): Ich habe die weiße Frau gesehen!

Ein Bürger: Der Knirps sagt: Er hat die weiße Frau gesehen!

Heinz: Prinz, in Ihrem Zimmer hat sie gestanden! Solche Augen!

Bürger: Er hat einen gläsernen Blick!

Heinz: Dicht bei dem Bild der Königin! Solche Finger!

Ein Bürger: Solche Finger! Er macht die echten Gespensterfinger!

Louis Ferdinand: Soll ich dir die Vision deuten?

Bürger: Deutet sie! Deutet sie!

Wiesel: Eine Hofdame wird in die Wochen kommen!

Bürger: Hurra! Eine richtige Verlegenheit!

Louis Ferdinand: Euer Gebrüll wirft den Träumer um!

Heinz: Ich dachte, es gäbe so eine Prophetin von Brandenburg! (Ab.)

Ein Bürger: Er glaubt an die Prophetin von Brandenburg!

Bürger: Unsere Hüte! Teilt sie jetzt aus!

Louis Ferdinand: Tretet vor mich hin! In Ordnung! Die Mütze gehört einem Schulze!

Bürger: Hier! Hier! Hier!

Ein Bürger (fängt eine Mütze auf): Eine Mütze voll Gold!

Bürger: Hier! Hier! Hier! Hier!

Louis Ferdinand: Geduld! — Nummer zwei: muß ein Buchhändler sein! Der Hut riecht nach Leim! Bei seinem Leben hüte er sich, Freiheitsschriften zu drucken!

Bürger: Wieso? Wieso?

Louis Ferdinand: Denkt an euren Nachbar Palm aus Nürnberg! Hat ihn nicht der Franzose ebendeshalb erschossen! Gebt nur acht auf euer Gewerbe!

Bürger: Brüllt Krieg! Vors Schloß!

Louis Ferdinand: Laßt mich zu Worte kommen! Nun, so deckt eure Glatzen zu! (Wirft alle Mützen über sie.) Sie prügeln sich ums Gold!

Wiesel: Kommt es nicht von Ihrer Hand?

Ein Bürger: Ich will mein Recht!

Ein anderer Bürger: Es ist nicht meine Mütze!

Ein dritter Bürger: Dieb! Dieb!

Ein Bürger: Gnädiger Prinz: Urteilen Sie! Ich kann nun einmal auf meinem Kopf keinen fremden Hut ertragen!

Louis Ferdinand: Dich geniert deines Nachbars Mütze? Da kommt ihr in Aufregung, als handle es sich um eure Seligkeit!

Ein dritter Bürger: Wenn er aber eine fremde Mütze hat!

Louis Ferdinand: Kann schon Müllers Schädel nicht Schulzens Ungeziefer erdulden! Wie erst werdet ihr in euren Betten welsche Wanzen ertragen? Die Franzosen würden euch auf dem Brot nicht die Butter lassen!

Bürger: Wanzen! Butter! Macht Ihr Euch lustig!

Graf Romberg (kommt): Platz! Platz, Leute! Nehmt Abstand von meinen Füßen!

Bürger: Ein Mann vom Hof!

Graf Romberg: Wär ich geübter im Herumsteigen auf Hinterhöfen! — Bedaure Eure Hoheit nicht, wie ich nämlich vermutete, in Ihrem Palais angetroffen zu haben.

Louis Ferdinand (reißt ihm die Meldung fort): Für mich? Eine Order!

Graf Romberg: Platz! Platz! Gebt doch Platz! (Ab.)

Louis Ferdinand (liest, dann): Haltet den Mann!

Bürger: Er ist schon fort.

Louis Ferdinand: Daß ihn die Spree ersöffe! — Schuft!

Bürger (um Louis Ferdinand): Ihr dürft nicht fort!

Louis Ferdinand: Teufel!! — Der Kronrat ist aus!

(Will fort.)

Bürger: Sprecht. Ist der Krieg erklärt?

Louis Ferdinand: Ja: Allen Schranzen in Magdeburg!
Bürger: Magdeburg? Trommelwirbel! Ein Herold!
Herold (mit Bläsern im Torweg; Tusch!): „Notre Auguste Souverain, die erhabene Majestät des Königs von Preußen haben mit dem Kaiser der Franzosen ein Schutzbündnis geschlossen! Bürger Berlins: Gott segne das Land und unsern erhabenen König!" (Tusch; ab.)
Louis Ferdinand: Halleluja! Frieden! Betet!
Bürger: Frieden!
Louis Ferdinand: Im Staub liegen vor dem Bürgergeneral! Peitschen her! Freunde, bleibt nicht so furchtbar still! Unser König ist nicht schuld!
Ein Bürger: Doch, das glaube ich auch, daß der König schuldlos ist!
Louis Ferdinand: Er ist Hohenzoller, wie ich!
Ein Bürger: Er ist ein blutechter Hohenzoller!
Wiesel: Kann man, gegen die Sonne geblendet, im Fluge eine Gans von einem Adler unterscheiden?
Ein Bürger: Was redet er da von einer Gans?
Bürger: Erklärt es!
Louis Ferdinand (still): Könnte ein Mohr seine Farbe wechseln! Ein Tiger seine Flecken! (Zu den Pagen, die auftreten): Was wollt Ihr!
Pagen: Nach Frankreich!
Kurt: Wir werden uns vor dem Korsen nicht beugen!
Louis Ferdinand: Führt Ihr allein Krieg?
Max: Sehen Sie die Straßen herauf, ob wir allein sind!
Kurt: Ein Freikorps gegen Napoleon!
Pagen: Führt uns!
Louis Ferdinand: Bettelt nicht!
Kurt: Brüder! Nicht erschrecken!

Louis Ferdinand: An Euren Adel denkt!

Kurt: Er flammt uns wie den Bürgern um die Stirn!

Louis Ferdinand: Wenn Euch der Bonaparte fänge! Erschösse! Jungens, wie er Herzog Enghien erschossen!

Kurt: Küßt Ihm die Hände! (Küßt Louis Ferdinand die Hand, Pagen tun das gleiche.) Preußens Freiheit ist die Leiber wert! (Pagen ab.)

Wiesel: Prinz, fahren Sie gleich nach Magdeburg?

Louis Ferdinand: Ja! Natürlich! Ja! (Ab.)

Wiesel (zu den Bürgern): Eine Königliche Order schickt ihn in seine Garnison zurück.

Bürger: Ihm nach!

Ein Bürger: Aber wohin!

Ein anderer Bürger: Zum Magdeburger Tor! Lauft!

Bürger: Lauft!

J. Ph. Wenzel (kommt mit den andern Künstlern aus der Weinstube): Halt!

Ein Bürger: Halt?

Bürger: Halt!

Ein Bürger: Einer rief halt!

J. Ph. Wenzel: Welch Gebrüll vor den Toren! Fliegen die Raben noch um den Berg!

Ein Bürger: Er fragt, ob die Raben noch fliegen!

Bürger: Unsere Professoren! Unsere Künstler!

A. Zeitblom: Ach, soeben fiel eine Sternschnuppe nieder.

Dusseck (umarmt eine Laterne): O, du süßes Mondenlicht, wie erfüllst du sattsam mein Inneres. (Wankt in die Weinstube zurück.)

Dr. Lazarus: Ja, beim Blut des Propheten: Zurück, in den Olymp!

A. Zeitblom: Verehrungswürdigste Exzellenz! Wo ist unser geliebter Prinz geblieben?

Wiesel: Fragen Sie nur die Bürger!

J. Ph. Wenzel: He! Ihr Menschen! Sagt uns, wo Prinz Ferdinand ist!

Bürger: Was stehen wir herum! lauft!

Ein Bürger: Er muß frei sein!

J. Ph. Wenzel: Wie? Er ist gefangen! Freiheit! Eichspeere zur Hand! Ruft jegliche Mannen!

Ein Bürger: Er sagt, wir sollen Eichspeere zur Hand nehmen?

J. Ph. Wenzel: O, das ahndete mir längst: Ist einer unter euch, der Franzose ist!

Alle: Keiner! Keiner!

J. Ph. Wenzel: Folgt mir!

Wiesel (stellt sich entgegen): Euer Weg führt falsch!

Bürger: Vorbei! Magdeburger Tor!

Wiesel: Zum grauen Schloß, Freunde! zur Spree!

Bürger: Eine Nachricht! Eine Nachricht!

J. Ph. Wenzel: Was wispert das Männchen?

Holz (kommt atemlos): Prinz Ferdinand ist zum König gefahren!

Bürger: Zum König! Prinz Ferdinand! Zerreißt alle Franzosen!

J. Ph. Wenzel: Heda! Ihr lauft vors Schloß! Dort der Haute folgt mir! Ist das Volk nicht zu halten?

Bürger: Zum Schloß! Krieg! Krieg!

Dr. Lazarus: Sic Moses ex Aegypto Hebraeos duxit.

J. Ph. Wenzel: Hinter mir her.

A. Zeitblom: Tauben flattern voraus ...

J. Ph. Wenzel: Kommt! Wotan über uns.

A. Zeitblom: O Sturm! O Sturm! O Freiheitssturm!

(Außer Wiesel und Holz alle ab.)

Holz: Und vor der französischen Botschaft stehen alle Leutnants! Beim Fackellicht wetzen sie ihre Degen an den Steintreppen.

Wiesel: Bravo!

Holz: Graf Haugwitz will Euer Exzellenz im Schloß empfangen.

Wiesel: Bravo! Wie sie lärmen! Ihr Rufen wird mir den Neumond erschrecken! Drei Komplimente! Er segne mein Gehirn! (Ab, mit Holz.)

· Zweiter Akt

Erste Szene.
Audienzsaal.
(Ein Page leuchtet, hinter ihm der König mit Graf Retwitz.)

Graf Retwitz: Da Eure Majestät Durchlaucht nicht vorgelassen, ließ er sich bei Ihrer Majestät melden.

König: Und die Königin hat Prinz Oranien empfangen?

Graf Retwitz: Untertänigst.

König: So soll er morgen kommen. Oder übermorgen. Nein: nächste Woche. Tag behalte ich mir vor.

Graf Retwitz: Untertänigst.

König: Den Bericht über das Pagenkorps?

Graf Retwitz: Exzellenz Lombard wird darüber Vortrag halten.

König: Die Akten waren erledigt, sie sollen an das Gericht zurück. Ich mache keinen Gebrauch vom Begnadigungsrecht.

Graf Retwitz: Hier: Das Todesurteil.

König (signiert): Noch eins?

Graf Retwitz: Die allerhöchste Unterschrift fehlt.

König (signiert): Lustmörder. Aus Lust morden.

Graf Retwitz: Eine üble Lust, sozusagen.

König: Entlassen. (Graf Retwitz und Page ab.) Hätten solche Menschen drei Hälse zum köpfen. Morden aus Lust... (Graf Retwitz tritt ein.) Wunsch?

Graf Netwitz: Seine Hoheit Prinz Ferdinand bitten um die außergewöhnliche Gunst einer Audienz.

König: Der Adjutant vom Dienst soll den Prinzen vormerken für morgen. (Louis Ferdinand ist eingetreten. König zu Graf Netwitz:) Führen Sie den Staatskanzler und Lombard in die rote Galerie. (Graf Netwitz ab.) Ein Prinz meines Hauses sollte die Zeremonie nicht außer Acht lassen, die ihm den Weg zum König vorschreibt.

Louis Ferdinand: Vor meinem Herrscher schuldigen Respekt! Mit seinem Zeremonienmeister habe ich nichts zu schaffen.

König: Ihre Antwort bekräftigt mir die Wahrheit unerfreulicher Anklagen gegen Sie.

Louis Ferdinand (bescheiden): Ich bedaure es. Verleumdungen sind die Ratten am Thron, man sollte sie nicht füttern.

König: Rechtfertigen Sie sich.

Louis Ferdinand: Wäre Grund dazu — ich würde für mich keinen Gebrauch davon machen.

König: So haben Sie meine Order nicht erhalten?

Louis Ferdinand: Ich kenne sie Wort für Wort.

König: Trotzdem vor mir?

Louis Ferdinand: Ihren Blick halte ich aus! Majestät, Sie führten im heutigen Staatsrat nicht den Vorsitz?

König: Wer sonst?

Louis Ferdinand: Haben die Ausrufer in den Gassen recht? Der schändliche Friedenspakt mit dem Franzosenkaiser ist formuliert mit Ihrem Willen?

König: Es gibt nur einen Willen.

Louis Ferdinand: Ihr ritterlicher Sinn nimmt Herren in Schutz, deren Politik Festung verdiente.

König: Bei meinem Zorn: Ich lasse keine Verdächtigungen zu.

Louis Ferdinand: Verdächtigungen? Hat Ihnen die Königin nicht selber die Anklagen überreicht?

König: Meine Gemahlin aus dem Spiel.

Louis Ferdinand: Die ersten Männer des Landes treten mit Kopf und Namen dafür ein.

König: Erinnern Sie mich nicht, daß ich gnädig war, als ich die Dokumente unbeachtet ließ.

Louis Ferdinand: O, lassen Sie es doch nicht zum Äußersten kommen. Durchschaut das Volk erst dies Kabinett ...

König: Mein Volk fügt sich.

Louis Ferdinand: Sie sind sehr sicher! Die Zeitungsberichte, die man Ihnen zwischen Frühstück und Morgenritt vorsetzt ... scheinen so gründlich destilliert, daß Sie den Atem, den Geruch des Volks nicht mehr kennen! Majestät, die Stimme am Hof ist gewissenlos, sie wird Sie Ihren Untertanen entfremden! Vergessen Sie nicht: Was man nicht kennt, nicht weiß, kann man entbehren.

König: Ich räume Ihnen kein Recht ein, über Dinge zu sprechen, die allein meine Person berühren!

Louis Ferdinand: Wem schenken Sie Ihr Vertrauen? Fremde Namen, die nichts an Preußen bindet als der Sold, stellen Sie vor Männer, deren Liebe das Vaterland ist. Sind die Dienste Ihres Adels selbstverständlich? Wo bleibt die Gegenleistung: das Vertrauen?

König: Mein Adel dient, und daß er dienen darf, ist mein Vertrauen.

Louis Ferdinand: Wir dienen nicht als Knechte!

König: Sie haben Ihr Leben einzurichten nach meinem Vertrauen.

Louis Ferdinand: Entlassen Sie Ihre Minister! Sie

werden an den Abgrund geführt. Sie werden hineingestürzt. Keinen Frieden mit Frankreich!

König: Sie sprechen in die Luft.

Louis Ferdinand: Kann Preußens Ehre käuflich sein, wie eine Dirne? Man führt Sie irre.

König: Ich regiere.

Louis Ferdinand: König, so verraten Sie Ihr Land!

König: Wundern Sie sich, daß ich ruhig bleibe? Zur Erklärung dies, Beschützer der Künste: Den König versteht nur ein König.

Louis Ferdinand: Wenn das Wahrheit wäre! Entlassen Sie mich.

König: Sie bleiben! Sprechen Sie.

Louis Ferdinand: Wenn das Wahrheit wäre, ja, wenn das wahr ist . . .

(Volk ruft vor den Fenstern nach Louis Ferdinand.)

König: Nun? Im Mund der Menge Ihr Name? Prinz . . .

Louis Ferdinand: Mein Name! Mein Name! (Wirft die Fenster zu.) Ihr sollt den heiligen Ernst dieser Stunde nicht stören. Sie verfärben sich? Vetter, ich kann doch nicht glauben . . .

König: Kennen Sie das Amt des Monarchen? Wissen Sie vom Undank? Euch Schreier frag ich: Wer wog nur im Traum Krieg gegen Frieden ab, und erwachte nicht schweißgebadet vom Alb solcher Verantwortung?

Louis Ferdinand: Aber wenn es die Ehre fordert! (Zeigt auf das Bild Friedrichs des Großen.) Der Große Fritz kannte kein Bedenken.

König: Was wäscht die Ehre rein? Ein Sieg? Verdrängt er die Gespenster toten Glücks? Ich bin der Geschichte Rechnung schuldig.

Louis Ferdinand: Der Könige Tribunal heißt Krieg!

König: Die Janustore öffnen, mag Menschen groß erscheinen, denn Gräber, die wir füllten, schweigen beim glänzendsten Triumph. Gott gedenkt einst des Schlachtgestöhns der Schlacht.

Louis Ferdinand: Die Ehre war Brandenburgs Gestirn! In tiefster Not: die Fackel! Löscht sie, dann, Schiffe auf dem Meer, streicht eure Preußenflaggen! Sucht bei Türken Schutz! Stolzes Kriegsgerät, auf dem unserer Väter Blut noch nicht geronnen, erbeutete Trophäen, würdiges Testament glorreicher Tage, alles in Stücke! Eh' euch Frankreich entweiht.

König (bewegt): Wer denkt daran ...

Louis Ferdinand: Mein König, welches Land ist Dein! Die Erde hat kein zweites Preußen! Die Freiheit jeder Scholle märkischen Sandes ist bluterkämpft.

König: Nur im Frieden blüht mein Land.

Louis Ferdinand: Und schenkte er uns Indiens Schätze: Preußen kann nicht ehrlos leben!

König: Prinz Ferdinand: Entlassen.

Louis Ferdinand: Mit welcher Hoffnung?

König: Ihre Lippen machten sich zum Anwalt des Staates. In Ihren Augen leuchtet die niedere Ehrung des Pöbels nach.

Louis Ferdinand: Das verdiente ich nicht.

König: Ihr Dienst ruft Sie nach Magdeburg.

Louis Ferdinand: Eine Seele fühlt wie ich ... Soll sie zu dir reden ...

König (dazwischentretend): Hier sind die Gemächer der Königin.

Louis Ferdinand (ab).

König (öffnet Vorhang am Fenster): Der Schloßplatz wieder leer. Mein Volk!

Graf Retwiß (kommt): Der Staatskanzler und Exzellenz Lombard.

König: Eintreten.

Lombard (kommt mit Graf Haugwitz): Dürfen wir Euerer Majestät die Beglaubigungsschreiben des Königs von Neapel und des Herzogs von Berg untertänigst unterbreiten?

König: Wie stellt sich Österreich dazu?

Lombard: Aus Wien liegt noch keine Nachricht vor.

König: Aus Petersburg?

Lombard: Gleichfalls nicht.

Haugwitz: Hm... Unser Rat geht dahin: Erkennen Eure Majestät die Verwandten Napoleons an.

König: Verträgt es sich mit unserm Ansehn?

Haugwitz: Wir werden Vorteil davon haben.

Lombard: Der Kaiser wird es Berlin nicht vergessen, und uns in delikaten Affären künftig gnädig gestimmt sein.

König: Hängen wir von seiner Gnade ab?

Lombard: Eure Majestät wissen, daß seine Gnade den Frieden verbürgt. Seine Ungnade hat schon viele Monarchien vernichtet.

König: Männer, auf deren Urteil ich größtes Gewicht lege, verwerfen Ihre Politik.

Haugwitz: Es steht bei Euerer Majestät, mit ihnen zu regieren.

König: Männer von unendlicher Tatkraft und ausgezeichnetem Verstand haben mir angedeutet, daß Sie wissentlich mit Preußens Ehre handeln!

Haugwitz: Eure Majestät kennen uns und unsern Dienst.

Lombard: Submittiere untertänigst... unsere Politik

gilt dem Frieden. Sobald Ihr Wille dagegen ist, kann aus dem Frieden nichts werden. Entscheiden Sie. Wir sind Diener zu Ihrem Befehl. Befehlen Sie, Majestät.

König: Legen Sie mir nochmals die Akten der Staatsratssitzung vor. (Haugwitz und Lombard ab.) Gäbe es einen Weg zu den Orakeln. Aber die Orakel antworten nicht mehr. (Will in sein Kabinett, stutzt vor dem Bild Friedrichs des Großen.) Wann werden Sie tot sein, Sire? Wie lange soll ich an Ihnen gemessen werden? Heißt das Gericht über Könige wirklich Krieg, bin ich Ihnen nicht sehr ähnlich; aber wer bestimmt die Grenzen des Genies und sagt: hier fängt es an... Muß ich die Welt durch Krieg erschrecken? Großer König, im Kriege groß, ist es meine Schuld, daß ich die Krone nach Ihnen trage?

Prinz von Oranien (ist eingetreten).

König: Verehrter Schwager Oranien; ich empfing dich nicht. Meine Stunden waren besetzt.

Prinz von Oranien: Wie befindest du dich?

König: Gut... Sehr wohl.

Prinz von Oranien: Weshalb ist die Königin so in Angst um dich?

König: Ist sie das, so tut es mir um meiner Frau willen leid.

Prinz von Oranien: Ich freue mich, daß du gefestigt bist...?

König: Lieber Schwager, ich vermute, man hat dich anders unterrichtet. Aber ich versichere dir... Es ist kein Grund zur Sorge... Meine Regierung hat ihre Schuldigkeit getan.

Prinz von Oranien: Habe ich es bezweifelt?

König: Muß nicht ein Land, das so vorzüglich verwaltet

wird, Respekt einflößen? Du antwortest nicht? Muß ein Land mit dieser Verwaltung an der Spitze nicht respektiert werden?

Prinz von Oranien: Friedrich Wilhelm, — fühlst du dich stark?

König: Erkläre mir, was hinter der Frage liegt.

Prinz von Oranien: Ich begleite dich in dein Kabinett?

König: Komm! (Stutzt vor dem Bild Friedrichs des Großen.)

Prinz von Oranien: Ist dieses Bild nach dem Leben gemalt?

König: Ich bin nicht orientiert darüber.

Prinz von Oranien: Sind es nicht Prinz Ferdinands Augen? Nicht wahr? — Ist Dir nicht wohl?

König: Sehr ... Sehr ...

Prinz von Oranien: König, weshalb hast du keine Männer um dich?

König: Ich fühle mich wieder ganz wohl.

Prinz von Oranien: Ich ziehe mich jetzt mit Deiner Erlaubnis zurück? (Ab.)

König: Oranien! Was wolltest du mir sagen? (Geht an die Tür, matt:) Oranien! . . . . Oranien! (Ab in sein Kabinett.)

Lombard (und Graf Haugwitz mit einigen Beamten, die Akten tragen): Die Akten nur auf dem Kamin ausgebreitet. (Es geschieht.) Cher comte, Sie kennen mein neues Werk „La Belle"?

Haugwitz: Mais non!

Lombard: Non? en effet? Le voilà! (Überreicht es.)

1. Beamter: Die Materialien über Hannover sollen auch wieder eröffnet werden?

Lombard: Alles! Alles!

1. Beamter: Aber sie sind schon mit dem Staatssiegeln versehen.

Lombard: Ordre du Roi!

1. Beamter: Aber der Gouverneur von Berlin hat bereits an General Blücher depeschiert!

Lombard: Alors, sprechen Sie mit dem Gouverneur.

2. Beamter: Eure Exzellenz, die Eingabe der französischen Botschaft wegen des Beglaubigungsschreiben ist noch unbeantwortet.

Lombard: Heb Er mir die Glasfäden auf.

Graf Haugwitz: Ach, Lombard!

Lombard: Ecoutez: und die Première wird in Paris sein. Le Théâtre Français et le modèle de la délicatesse et de l'élégance!

1. Beamter: Die Depeschen sind noch nicht signiert.

Lombard (nimmt sie fort): Mais vite! vite! aufs Auswärtige Amt damit.

Haugwitz: Lombard!

2. Beamter: Sonst alles zur Stelle!

Lombard: Wünschen der Herr Kanzler die Ressortchefs noch zu sprechen, ehe die Akten wieder geschlossen werden?

Haugwitz: Merci!

Lombard: Eh bien! Macht es im Ministerium bekannt.

(Beamten ab.)

Haugwitz: Wir sollten die Pariser Urkunde doch mit vorlegen.

Lombard: Mais impossible! Vor uns die gewonnene Schlacht!

Haugwitz: Wenn ich über Majestäts Absichten nur sicheren Aufschluß hätte ...

Lombard: Regardez! Der König ließ Hut und Handschuhe zurück.

Haugwitz: Ich gestehe: Sein merkwürdiger Ton uns gegenüber machte mich stutzig! Am Hof wird gegen uns gearbeitet.

Lombard: Mir begegnete Prinz Ferdinand im Schloß mit Wiesel.

Haugwitz: Der hört das Gras wachsen.

Lombard: Wer?

Haugwitz: Wiesel! Jeden Augenaufschlag begleitet er mit: „Sind Sie im Klaren, Herr Staatskanzler?" jede Verbeugung mit: „Ich denke wohl, Sie sind im Klaren, Herr Graf!" Der Fuchs! Zur Stunde bin ich mir ganz und gar nicht im Klaren. Gott füge, daß die Zeit kommt ...

Lombard: Hört er das Gras wachsen, der Wiesel?

Graf Retwitz (aus dem Kabinett des Königs).

Lombard: So verstört?!

Graf Retwitz: Ich dachte, der König stirbt ...

Lombard und Haugwitz: Sa Majesté ...

Graf Retwitz: Sein Herz setzte aus! Pardonnez moi: Ich muß die Leibärzte rufen. (Ab.)

Haugwitz: Wie deuten Sie das, Lombard?

Lombard: Nicht gut, Graf!

Haugwitz: Wüßte man nur, wie oben der Wind geht.

Lombard: Sind wir Wetterfahnen? Mein Eid, Graf! Je connais notre roi, wie meine Handflächen!

Haugwitz: Gott gebe es. Wir hätten sonst kein frohes Alter.

Lombard: Die Zeit wird mir recht geben.

Haugwitz: Aber des Königs Freunde!

Lombard: Sind das Diplomaten? Des Königs Freunde! Des charactères de femme ou seulement des esprits militaires! In der Diplomatie folgt der junge König seinen Diplomaten. [kommt.]

Haugwitz: Gott gebe es. Silence! Sa Majesté! (König

Lombard: Zum größten Bedauern hörten wir, Votre Majesté befanden sich nicht wohl.

König (sehr matt): Glauben Sie nicht, meine Herren, daß mein Vertrauen unbegrenzt ist.

Haugwitz: Wie verstehen wir das?

König (gibt Haugwitz Briefe): Die beiden Beglaubigungsschreiben werden vorläufig zurückgelegt.

Lombard: Mais l'empereur! Der Kaiser erwartet die Bestätigung!

König: Benachrichtigen Sie den Herzog von Braunschweig und Fürst Hohenlohe. Ich will die Feldmarschälle diese Nacht noch sprechen.

Lombard: Dürfen wir Eure Majestät untertänigst um eine Erklärung bitten?

König: Sie vertreten Ihre Politik nach wie vor?

Lombard und Haugwitz: Würden wir sonst im Amt sein?

König: Trotz aller beweiskräftigen Gründe gegen sie?

Haugwitz: Beweise gegen unsere Politik?

Lombard: Fassen Sie jetzt keine übereilten Entschlüsse!

König: Ich bin nicht blind!

Lombard: Krieg reißt Löcher, in die auch Kronen fallen können.

König: Rufen Sie die Feldmarschälle! (Ab.)

Haugwitz: Sie kennen den König wirklich vorzüglich! Mein Eid, Sie haben die feinste Spürnase! Sind wir Wetterfahnen? Mein Kompliment! Sie sind ein seltner Menschenkenner.

Lombard: Eher hätte ich den Krebs für den hitzigsten Draufgänger gehalten!

Haugwitz: Diese Menschenkenntnis muß Sie doch im höchsten Maße befriedigen!

Lombard: Geben Sie mir Schuld?

Haugwitz: In Ihren Handflächen sind Sie meisterlich bewandert.

Lombard: Machen Sie sich lustig über mich?

Haugwitz: Aber: die Zeit wird mir recht geben.

Lombard: Je vous en pris: Ne répétez pas mes mots!

Haugwitz: Ach, Lombard!

Lombard: Hélas! Moi je ne suis pas coupable! Et je vous dis encore, mon comte, que c'est moi, qui connais le roi! Vous verrez! (Will gehen.)

Haugwitz: Legen wir doch dem König die Pariser Proklamation vor! Mein Gewissen könnte die Folgen nicht mehr ertragen.

Lombard: Jamais de ma vie! Es wäre nutzlos: in jedem Falle. Ich kenne unseren König.

Haugwitz: Lombard! Lombard!

Lombard: Ich werde dem Prediger einen Orden in Aussicht stellen. Über einen Bibeltext soll der Heilige sprechen, daß der König nicht unbewegt bleibt. Encore une fois: De toute la Prusse, c'est seulement moi, qui connais le roi. Bravo! moi, roi! Au revoir! (Ab.)

Haugwitz: Wüßte ich nur, wie der Wind oben geht.

Retwitz (mit Ärzten).

Haugwitz: Lieber Graf, melden Sie mich bitte auch beim König an.

Graf Retwitz: Der Herr Staatskanzler werden von Exzellenz Wiesel in der roten Galerie erwartet.

Haugwitz: Noch besser. (Ab.)

Graf Retwitz: Darf ich führen, Herr Generalarzt? (Alle ab ins Kabinett des Königs.)

Zweite Szene.

Treppe. — Galerie.

Graf Romberg: Egidy! Bester Baron! Bester Baron!

v. Egidy: Was hat Prinz Ferdinand verbrochen?

Graf Romberg: Ist die Schloßwache aufgezogen?

v. Egidy: Leider.

Graf Romberg: Also nirgends mehr ein Unberufener!

v. Egidy: Weshalb die Freude?

Graf Romberg: In der schwarzen Adlerkammer versammelt sich ein Gerichtshof aus Generalen.

v. Egidy: Feige Freude! (Ab.)

Graf Romberg: Rüpel! (Wiesel und Haugwitz kommen.) O, Exzellenz! Eile! Devoteste Bitte um Eile! Galerie und Treppe muß jetzt frei bleiben.

Wiesel: Ihr Strumpf hat einen Riß, lieber Kammerherr.

Graf Romberg: Um Jesu Willen! (Ab.)

Haugwitz (mit Wiesel auf der Treppe): Ich werde mir Ihre Worte durch den Kopf gehen lassen.

Wiesel: Verehrter Graf, die Pariser Geheimdokumente, von denen Sie gesprochen, liegen noch im Auswärtigen Amt?

Haugwitz: Lombard hält sie zurück! Mir brennen sie auf dem Gewissen. Ich sollte sie dem König doch vorlegen.

Wiesel: Wenn Napoleon in ihnen seine Feindschaft gegen Ihre Regierung wirklich so offen ausdrückt, so begreife ich Exzellenz Lombard nicht, daß er sie, statt dem König vorzulegen, im Auswärtigen Amt behalten hat.

Haugwitz: Weil man nie weiß, wie oben der Wind geht. Und Lombard insiste à vouloir la paix.

Wiesel: Herr Staatskanzler, Ihre Energie ... muß unter diesen Umständen erlahmen ... Ihre politischen Ambitionen, deren sich kein Richelieu zu schämen brauchte, werden sich kaum erfüllen können.

Haugwitz: Wenn ich wüßte, wie der Wind oben geht.

Wiesel: Ja, lieber Graf. Nun, ich denke wohl, Sie wissen, was ich meine.

Haugwitz: Hm! Hm! Und Sie glauben, Sie dürften ein freies Wort mit Prinz Ferdinand reden?

Wiesel: Mehr als eins. (Draußen Kommandos.) Moment, der Herzog von Braunschweig mit Fürst Hohenlohe. Wollen Sie die Herrn erwarten?

Haugwitz: Sie sagten, Ihr Prinz hielte sich noch im Schloß auf?

Wiesel: Darf ich Sie zu ihm führen? (Beide ab nach links.)

Herzog v. Braunschweig (mit Fürst Hohenlohe von rechts): Warten wir. Ich will meine Schärpe fester binden.

Hohenlohe: Seltner Fall, daß der hohe Herr seine Feldmarschälle ruft.

Braunschweig: Werden wir uns also nicht nur mit dem Ruhme Friedrichs des Großen ins Grab legen.

Hohenlohe: Unsere alten Regimenter kommandieren wir noch so gut wie irgendein Oberst in Preußen.

Braunschweig: Dies Pergamentbündel täuscht! Sie können in meinem Haus noch Taufpate werden! Jeder so alt, wie er sich fühlt! Will meine Ulanen schon zur Attacke führen! So. Die siebzig Jahre haben wieder ihren Halt. Gehn wir. Unser König wartet. (Beide zur Treppe.) Die Racker steckten mir Lilien unter die Tressen. (Wirft sie fort.) Lilien, Fürst! Keusche Lilien!

König (ihnen von oben entgegen): Erhabener Herzog und erlauchter Fürst.

Braunschweig: Immer zu Diensten meines hohen Herrn!

König: Diese Hand schwur meinem großen Oheim Treue. Und Ihre, Fürst, erwarb sich höchstes Verdienst um unser Haus. Sie sind mir beide wert, wie eines Vaters, eines Freundes Hand.

Hohenlohe: Wir führen den Marschallstab zu Euer Majestät Befehl.

König: Erschrecken Sie nicht, wenn ich mit Ihnen spreche, wie es dem König nicht ziemt. Mir reißt eine Qual hier um das Herz den Körper auseinander.

Braunschweig: Mein junger König.

König: Ich muß diesen Thron verlassen.

Hohenlohe und Braunschweig: Majestät!

König: Gottes Kraft ist nicht mehr bei mir. Ich darf diese Krone nicht mehr tragen. Des Herrn Gnade leuchtet mir nicht mehr. Wundern Sie sich nicht. Ich habe dafür Anzeichen schlimmster Art. Ich halte es für meine Pflicht, so zu handeln. Meine hochgeschätzten Herren Feldmarschälle, ich frage Sie: Sollen wir nicht unsrer Pflicht leben?

Braunschweig: Wenn ich so rasch keine Worte finde ... entschuldige mich der Feldherrnhut.

König: Wie? Sie überlegen?!

Hohenlohe: Fassen Sie sich.

König: So spricht man Kranken zu. Ihre Herzen gehören mir auch nicht mehr.

Braunschweig (kniet): Sire, so steh ich zu Euch.

Hohenlohe: Und ich.

Braunschweig: Und Euer ganzes Volk, wo es noch Respekt hat vor dem im Himmel.

König (in verändertem Tonfall): Kniet nicht! Ich bitte, knien Sie nicht.

Braunschweig (steht auf): Wie trösten wir Sie, Erlauchter Herr!

König: Bitte, hören Sie meine Entschlüsse an.

Hohenlohe: Wir lassen niemals zu, daß Sie abdanken, Sire!

König: Abdanken? Das sagen Sie Ihrem König ins Gesicht?

Hohenlohe: Verstanden wir Euer Majestät so falsch?

König: Ich hoffe es dringend.

Braunschweig: Verzeihen Sie, Majestät. Ich fühle mich schuldig, auch ich verstand es wie der Fürst.

König: Seien Sie nicht verstimmt darum, es bleibt Ihnen unverändert mein Vertrauen. Ich habe Ihnen mitzuteilen, ich beabsichtige, meine Armee mobil zu machen.

Hohenlohe: Endlich soweit!

König: An Ihrem Namen hängt der Glanz des siebenjährigen Krieges. Ich habe mich darum in Gnaden bewogen gefunden, Ihnen, lieber Herzog, den Oberbefehl über meine gesamte Macht zu übertragen.

Braunschweig: Aber Majestät, ich bin für solch höchsten Posten wohl doch zu alt!

König: Ich will es.

Braunschweig: König, ich bin siebenzig Jahre! Ich werde das Vertrauen, das mich herzlich ehrt, kaum rechtfertigen können.

König: Hohenlohe! Bitte empfangen Sie meine kommandierenden Generale in der schwarzen Adlerkammer und führen Sie die Herren zu mir.

Hohenlohe: Majestät, ich hatte nicht gehofft, solche Stunden zu erleben. (Ab.)

König: Das ist nur für Sie: Es wird nicht zum Kriege kommen. Also sorgen Sie sich nicht, Herzog.

Braunschweig: Und doch wollen Sie mobil machen?

72

König: Wir sind es unserm Ansehen schuldig, Maßregeln zu ergreifen.

Braunschweig: Gut! Es handelt sich demnach um Scheinmanöver?

König: Ich werde den Frieden erhalten, bestimmt erhalten.

Braunschweig: Majestät, man wird uns entgegen arbeiten.

König: Ich widerstehe jedem Einfluß, der den Krieg herbeiführen könnte, und werde niemals zugeben, daß durch etwa zu erlangenden Ruhm das Glück der Untertanen aufgeopfert werde!

Braunschweig: Ich weiß, an wen Eure Majestät leider denken müssen!

König: Wir werden den Prinzen zu befriedigen wissen, und sollte eine ernste Krisis drohen, so sind Sie nicht allein. Ihrem Kriegsrat wird mein Hauptquartier folgen!

Braunschweig: So nehme ich das Kommando untertänigst an.

Hohenlohe (führt die Generale herein, mit ihnen Prinz Louis Ferdinand, Wiesel, Haugwitz): Ihre Generale zur Stelle.

König: Ich habe sie zu ungewöhnlicher Stunde befohlen. Mein Entschluß soll es rechtfertigen. Um Bonaparte Achtung vor Preußen zu lehren, ordne ich die Mobilmachung meiner Armee an.

Generale: Gott lohn' es Euer Majestät!

König: Unser verehrter Feldmarschall wird Ihnen im Kriegsrat, für dessen Standort ich Erfurt bestimme, die Pläne vorlegen. Prinz Ferdinand, ich habe mich entschlossen, Ihrem Kommando eine Armee zu unterstellen.

Louis Ferdinand: Die Gnade meines Königs überrascht mich ...

Wiesel (leise): Prinz! Erwarteten Sie nicht die Kriegserklärung?

Louis Ferdinand: Wie?

Wiesel: Der König geht.

Louis Ferdinand (teilt die Generale): Ein Wort, Sire! Die seltene Beförderung kam mir zu unerwartet. Ich vergaß, im Namen der Generale zu danken. Mit uns dankt die Armee, das Volk. Wir wollen die holde Schlachtengöttin von Sieg zu Sieg an den Locken schleifen: Zu Brandenburgs Triumph!

König: Das überlassen wir dem Himmel.

Louis Ferdinand: Verzeihung, Sire! Die Freude bringt mich von Verstand! Ihr königliches Wort verbürgte doch den Krieg?

König: Ich habe die Mobilmachung befohlen.

Louis Ferdinand: Mobilmachung? Kein Krieg? Antworten Sie. Vor Ihren Generalen: antworten Sie! Nun, — um Feldherrnposten für Manöver zu besetzen gibt es wohl andere als mich. Ich danke untertänigst für solch ein ehrendes Kommando!

König: Generale, entschuldigt den Auftritt! Der Prinz will zum Kommando noch das Register seiner Siege. (Ab.)

Louis Ferdinand (vor den Generalen): Wenn Sie Napoleon weiter beleidigt und anspuckt, so vergessen Sie nicht: Es ist Ihnen in Gnaden eingeräumt, Ihre Ehre durch Fauchen zu verteidigen wie geprügelte Affen. (Ab.)

Hohenlohe: Uns entschuldigt nur unser Alter, daß wir nicht mit des Prinzen Feuer vom König promptere Orders erbaten.

Generale: Der Fürst hat Recht.

Braunschweig (zu den Generalen): In Erfurt beraten wir den Aufmarsch der Armee. (Alle außer Wiesel und Haugwitz ab.)

Wiesel (bietet seine Tabatiere an): Verehrter Herr Graf, sind Sie nun im Klaren?

Haugwitz (schnupft): Vollkommen. Begleiten Sie mich in das auswärtige Amt?

Wiesel: Sehr gerne. (Beide ab.)

Dritter Akt

Erste Szene.

Gartensaal im Palais des Prinzen Louis Ferdinand.
(Wiesel und Holz. Heinz schläft am Fenster bei einer Kerze.)

Wiesel: Aber die Kopien der Pariser Dokumente heben Sie auf! Ich habe mich vergewissert! Das Kabinett bleibt dabei! Will Frieden. Die Nachricht wird unter die Leute gebracht.

Holz: Jawohl.

Wiesel: Sind die Wechsel meiner Frau beglichen?

Holz: Es liegen neue vor.

Wiesel: Summa?

Holz: Das Hofmarschallamt „Prinz Ferdinand" hat sie eingefordert.

Wiesel: Unsinn, werden sich verhört haben. Das duldete ich keinesfalls. Mein Bankier soll die Wechsel augenblicklich einlösen! Davon ist meine Frau in Kenntnis zu setzen.

Holz: Die Briefe an Graf Haugwitz und Fürst Hohenlohe.

Wiesel (liest): Hinter dem Kanzleistil wird der General nichts vermuten. Jedes Wort wirkt maskiert. Also an Hohenlohe absenden! Aber hier: An Haugwitz diktierte ich doch: „Prinz Ferdinand ist von mir verständigt"! Nicht: „wird verständigt!" Keine Versprechungen! Tatsachen für den Kanzler.

Holz: Jawohl.

Wiesel: In Erfurt für mich Quartier bestellt?

Holz: Jawohl.

Wiesel: Jetzt haben Sie das „Prinz" zum Schluß doch wegradiert! Sie sollten schreiben: „Das Volk vertraut in diesem Augenblick dem Prinzen"! Dann „Prinz" durchgestrichen und darunter „König" gesetzt. Ändern Sie es. (Holz ab.) Junger Herr: Aufwachen!

Heinz (erwacht): Ich bin sehr wach.

Wiesel: Melden Sie mich bei dem Prinzen an.

Heinz: Ich habe nicht geschlafen, Exzellenz.

Wiesel: Gut, gut!

Heinz: Ich hatte den ganzen Tag Dienst.

Wiesel: Und doch Zeit zum Reimen? Unbesorgt! ich sehe nichts an.

Heinz: Seine Hoheit ist aus dem Schloß noch nicht zurück.

Wiesel: Jemand klopft an die Fensterscheibe.

Heinz (öffnet ein Fenster): Wer da?

Graf Romberg (vor dem Fenster): Der Kammerherr Graf Romberg!

Heinz: Herr Graf! Ich öffne.

Graf Romberg: Keinesfalls! Keinesfalls! Sozusagen komme ich inoffiziell. Täusche ich mich: Exzellenz Wiesel?

Wiesel: Gleichfalls inoffiziell ...

Graf Romberg: Schön! Schön! Mein Auftrag lautet: Ihre Majestät, die seit einer Stunde bei Seiner Majestät weilen, werden in kürzester Zeit hier sein.

Heinz: Die Königin!

Graf Romberg: Gründe? Wie gesagt: Deswegen komme ich sozusagen von der Gartenseite.

Wiesel: Inoffiziell ...

Graf Romberg: Ganz recht. Ganz recht. Aber es muß dem Prinzen unverzüglich gemeldet werden. Ihnen, Exzellenz, darf ich wohl verraten: Ihr Name hat bei uns einen guten Klang. Mein Allerhöchster Herr nannte ihn viel. Auf Ihr intimes Verhältnis zu diesem Prinzen scheint man erneut größte Hoffnungen zu setzen.

Wiesel: Ich hörte, Lombard hat seine Demission eingereicht?

Graf Romberg: Im Gegenteil! Im Gegenteil! Steht oben in höchster Gunst, mehr als je zuvor. Interessiert es Exzellenz, so —

Wiesel: Ich komme zu Ihnen heraus! Junger Herr, sollte inzwischen der Prinz eintreffen, ich bin bald zurück. (Ab, zu Graf Romberg in den Garten.)

Heinz (schließt die Fenster): O, Frau Pauline! Was bedeutet mir diese Welt! (Ab mit Licht in den Flur.) He! Diener! He! Posert! Wache! He! He! (Läuft über die Bühne.)

Pauline (kommt aus dem Nebenzimmer): Was tun Sie hier?

Heinz: Gnädigste Frau!

Pauline: Hand an den Mund! Der Prinz schläft.

Heinz: Er ist zurück?

Pauline: Halt! Sie werden ihn doch nicht wecken.

Heinz: Jeden Augenblick kann die Königin da sein!

Pauline: Wußte er davon?

Heinz: Der Prinz? Nein. Die Meldung wurde eben gebracht.

Pauline: Dann ersparen Sie sich nur den Weg! Die Königin wird ihn mit keinem Harfenlied mehr fangen! (Heinz will fort.) Bleiben Sie doch! Man muß ihn bei Hof wieder schikaniert haben! Die Königin soll es wohl gut machen.

Heinz: Wovon sprechen gnädige Frau?

Pauline: Er soll sich mit diesen Ladestöcken nicht mehr

herumschlagen! Ich habe ihn zur Vernunft gebracht! Oder ist ein Künstler, ein Musiker von seiner Bedeutung zu nichts anderem da, als gedrillt zu werden! Will man aus ihm einen Feldwebel machen! Aber die Majestät soll nur kommen. Ehe sie ihr hocherlauchtes Füßchen über die Schwelle setzt, ist unser Pariser Reiseplan fix und fertig.

Heinz: Sie reisen nach Paris?

Pauline: Lieber Gott; weshalb eigentlich erzähle ich Ihnen das alles, erstauntes Gesichtchen? Ihre Welt geht wohl nicht über den Kasernenhof. Alle Frauen sind nicht so dick, wie die bauschigen Damen auf den Ahnenbildern in der Galerie ...

Heinz: O, gnädige Frau!

Pauline: Phantasie! Phantasie! Wenn schon ein so bedeutender Feldherr wie der Prinz den Lorbeer in die Küche schickt, weil ihm das reizende Körperchen besser gefällt — kleiner Herr: Was erwartet Sie dann noch alles! Dagegen kommt keine Königin an!

Heinz: Mein hoher Herr?

Louis Ferdinand (hinter der Szene): Gesiegt! Gesiegt! Ruft alle Fürsten! (Tritt auf im Schlafrock.) Trommelt!

Pauline: Liebster!

Louis Ferdinand: He!

Pauline: Du kommst wohl aus der Schlacht.

Louis Ferdinand: Ich habe heiß geträumt.

Pauline: Poltern in deinen Träumen immer noch Kanonen? Schluß damit! Zum Hurraschreien und sich Totschießenlassen gibts Leute im Überfluß!

Louis Ferdinand: Gibt es etwas Heiligeres, als den Geliebten im Kriege zu wissen!

Pauline: Wenn du im Krieg bist, was dann?

Louis Ferdinand: Warum erwache ich, so oft du dein Mäulchen aufsperrst!

Pauline: Weil wir zwei, Ferdie, Himmlischeres kennen als schlafen!

Louis Ferdinand: Pellchen: auch bei der Musik fällst du mir nie ein. — Wer steht im Hintergrund?

Heinz: Gnädiger Prinz!

Louis Ferdinand: Ich vergaß, dich zu Bett zu schicken. Der König hat deine Kameraden degradiert.

Heinz: Degradiert?

Louis Ferdinand: Nach Preußen dürfen sie nicht mehr zurück! Willst du mit ihnen? Das Pariser Tor ist ihr Sammelplatz. Du zögerst?

Heinz: In kürzester Zeit wird Ihre Majestät erscheinen.

Louis Ferdinand: Träumer! Wer? Wer? Die Königin! Woher die Nachricht?

Heinz: Graf Romberg kündigte den Besuch an.

Louis Ferdinand: Die Königin! (Ab.)

Heinz: Ich fürchte, gnädige Frau — wie geht es Ihnen? Darf ich für Sie ein Fenster öffnen?

Pauline: Königin! Königin! Bringen ihn die drei Silben von Verstand?

Heinz: Der Prinz meinte es gewiß nicht schlecht.

Pauline: Wie, bei mir erwachte er? Fall' ihm nicht ein bei seiner verrückten Musik?

Heinz: Sie sollten seine Worte nicht so auf die Wagschale legen!

Diener (tritt ein): Madame Wiesel?

Pauline: Du hast Herz, zu sprechen!

Diener: Königliche Hoheit haben allerhöchst seinen Wagen vorfahren lassen.

Pauline: Helfen Sie mir. (Diener hilft ihr in den Mantel.) Mannsgräuel! Fort! sonst zerschlage ich Möbel für Möbel an dir!

Diener: Bei Gott! Bei Gott! (Ab.)

Heinz: O! liebe, gnädige Frau ... rechnen Sie es dem Prinzen nicht böse an, wenn ihn zur Zeit die Politik ganz in Anspruch nimmt! Gewiß bewegt ihn der Besuch der Königin nur deshalb so sehr. (Wiesel erscheint am Fenster.) Ich weiß, wie Prinz Ferdinand Sie liebt.

Pauline: Hast du herzige Augen! Soll er doch laufen, wohin er will! Der Hanswurst! — (Reißt ihn an sich.)

Heinz: Was ... gnädige ...

Pauline: Kleiner Heinz!

Heinz: Ich komme von Sinnen!

Pauline: Heinz, ich ersticke dich! Ich ersticke dich! Kleines, süßes Bürschlein! Soll er Musik machen, der Hauptkünstler! Du, wenn er uns findet, bringt er uns um! Nur fort! Nur fort! Du kennst Paris nicht? Da laufen die Menschen nackt herum! Die Ohren reiß ich dir ab!

Heinz: Aber der Krieg.

Pauline: Ha! Krieg! Das wird er schon besorgen, unser Held, unser Künstler — der Feldwebel! (Ab mit Heinz.)

Wiesel (wankt in den Saal): Pauline! Pauline! (Läuft in das Zimmer, ruft, kommt zurück.) Weib! (Am Boden.) Ich kratz ihre Spuren aus dem Stein! Weibsperson! Weibsperson! O! Folgere logisch: Wären auch in Ferdinands Kopf nicht meine Gedanken! Nein, nein, nein! Zweifeln am Gehirn! Nein! Was dann! Was ist! Meine Daumen grinsen rätselhaft. Aber 1×1 ist doch 1! (Steht auf.) Gibt es ein anderes 1×1?

Louis Ferdinand (mit v. Nostiz und Dienern): Das Herbstgold in alle Vasen!

v. Noftiz: In alle Vasen. (Diener füllen die Vasen mit Blumen.)

Louis Ferdinand: Instruieren Sie bitte die Diener wie verabredet!

v. Noftiz: Wie verabredet! (Ab mit Dienern.)

Louis Ferdinand (zu Wiesel): Erstaunt, weil du mich nicht brütend findest über Racheplänen? Deine Pupillen gefallen mir nicht. Heiter! Heiter! Ich wühle in Blumen, wie Narziß.

Wiesel: Ich komme vom Auswärtigen Amt.

Louis Ferdinand: Aus dem Leichenhaus!

Wiesel: Ich bringe...

Louis Ferdinand: Du zitterst?

Wiesel: Lesen Sie: Ein wertvolles Dokument.

Louis Ferdinand: Politik? Vom Leibe damit! Aber, Freund, deine Pupillen sah ich noch nie so klein. (Wiesel lacht.) Jetzt bellst du wie ein Tollwütiger!

Wiesel: Es schüttelt mich!

Louis Ferdinand: Wiesel?

Wiesel: Ja? Prinz, hm. Um mich nur keine Sorge. Mich macht ein Bild so lachen, das ich in der Friedrichstraße sah: Ihre Künstlerfreunde als Führer des Pöbels.

Louis Ferdinand: Nein! Unsere Künstler, sagst du?

Wiesel: Ihre erhitzten Köpfe machten sich in einem französischen Friseurladen auf recht barbarische Weise Luft.

Louis Ferdinand: Hoffentlich zerplatzt ihr hoher Traum nicht im Gefängnis! Unser freies Land duldet keine Meinung! Ruhe befiehlt es, wo nur einer den Mund aufmacht! Ruhe! Ruhe! Wie, zum Henker, will man uns denn? Sind wir Puppen? Haben wir nicht eine Zunge? nicht Blut, nicht...

Wiesel: Verstand.

Louis Ferdinand: Schlimm, wer Verstand hat.

Wiesel: In Ihnen lebt er verschwenderisch.

Louis Ferdinand: Um so viel schlimmer: Man sollte nicht mehr haben als ein Specht, der sein Leben auf wurmstichigen Borken beschließt, oder man dürfte nicht in Preußen leben.

Wiesel: Wie?

Louis Ferdinand: Ich weiß nicht, welchen Sinn du diesem „Wie" beilegst?

Wiesel: So?

Louis Ferdinand: So? Erst sagst du „wie". Ich erkläre dir, daß ich nicht weiß, was du dir dabei denkst, darauf sagst du: „so". Alfred, reize mich nicht! Was heißt das: „so"! Brauchte ich nicht nur, wie alle anderen, die Hände in den Schoß legen, zusehen und ruhig abwarten: Erginge es mir dann nicht vortrefflich?!

Wiesel: Aber weshalb dürften Sie dann nicht in Preußen leben?

Louis Ferdinand: In Preußen! Wieso in Preußen?

Wiesel: Wissen Sie, wie man Krammetsvögel fängt? (Gibt ihm beide Hände.)

Louis Ferdinand: Du weißt nicht, was du tust.

Wiesel: Ist 1×1 nicht 1? Ist es nicht 1? Nicht 1 von Anbeginn der Welt?

Louis Ferdinand: Noch weniger weißt du, was du sprichst.

Wiesel: Ihre energische Stellung vor dem König hat den nachhaltigsten Eindruck hinterlassen, bei allen Generalen!

Louis Ferdinand: Mit mir erschrak das ehrwürdige Schloß vor dem Zwielicht ihrer Augen.

Wiesel: Graf Haugwitz meinte: bei Ihnen wüßte man doch, wie die Luft ginge.

Louis Ferdinand: Man sagt: im Traum öffne der Schlaf das geistige Ohr..., ich vertrau dir zuviel?

Wiesel: Ihr Vertrauen ist begründet.

Louis Ferdinand: Vertrauen muß begründet sein.

Wiesel: Immer! Immer!

Louis Ferdinand: Richtig, immer!

Wiesel: Ist es in Preußen begründet?!

v. Nostiz (tritt ein): Eure Hoheit.

Louis Ferdinand: Endlich!

Wiesel: Ich gehe in Ihr Lesezimmer!

Louis Ferdinand: Es soll Licht gemacht werden! (Wiesel und v. Nostiz ab.) Wer hat Euch Spiegel erfunden! Wüßte die Sonne von ihrer Herrlichkeit! Arme Gestirne, ihr Feuer brennte euch auf. Welche Erregung unter den Pfauen? (Beobachtet die Königin durch die Tür): Du Fürstentochter, wie schön ist Dein Gang!

Königin (kommt): Des Königs Güte erlaubte mir den Besuch.

Louis Ferdinand: Von ihm die Gnade. So weiß ich nicht, ob ich mich freuen darf.

Königin: Vor allem: Mein Gemahl hat recht.

Louis Ferdinand: Ihr heiteres Auge verwirrt mich, Majestät!

Königin: Wenn er zaudert, so hat er seinen Grund.

Louis Ferdinand: Es gäbe viel zur Antwort, hohe Frau. Ich schweige.

Königin: Ihr Zartgefühl erkenne ich dankbar an. Lieber Prinz: Es liegt mir am Herzen, Ihnen die Notwendigkeit, die meinen Gemahl zwang, vor Ihnen hart zu erscheinen, freundlicher, erträglicher zu machen.

Louis Ferdinand: Nur Ihre Gegenwart erreichte es.

Königin: Machen Sie mich nicht befangen.

Louis Ferdinand: Heute, als Ihre weiße Hand den Schwänen des Parkes Futter streute, belauschte ich Sie.

Königin: Wir sprachen vom König. Ich bewundere an ihm dieses hohe, seltene Gefühl, mit dem er sich Gottes Willen unterwirft. Wie ringt er um ein Zeichen!

Louis Ferdinand: Kein Himmel redet in feurigen Meteoren!

Königin: Haben Sie Schwager Oranien gesprochen?

Louis Ferdinand: Nein.

Königin: Gesehen?

Louis Ferdinand: Nein! Aber ich höre: Paris hat ihm den Verstand genommen.

Königin: So erschien es mir nicht.

Louis Ferdinand: Mir wurden seine, zumindest höchst sonderbaren Fragen wiedererzählt, die er in kaum zwei Stunden unter die Berliner ausgestreut hat.

Königin: Er spricht jetzt zu keinem Menschen mehr.

Louis Ferdinand: Dieses Sehen und Erwarten unerhörter Zeichen begreife ich nicht. Ob Preußen bleibt, was es war, hängt von uns ab. Wir müssen handeln! Verzeihen Sie: Hierin denke ich anders als der König.

Königin: Und kommt es darauf an?

Louis Ferdinand: Sie sind brennend Eis!

Königin: Wir sollten dem König von seinem Weg Hindernisse fernhalten.

Louis Ferdinand: Bittrer Vorwurf! Nicht zu ertragen aus Ihrem Mund! Vielleicht ist diese Erde noch außerhalb schwarzweißer Pfähle schön. Prinz Ferdinand wird kein Hindernis mehr sein. (Will fort.)

Königin: Wohin?

Louis Ferdinand: In die Freiheit der Welt!

Königin: Es quält mich: Ich bitte Sie, und das kann nicht schlecht sein, schütten Sie Ihr Herz ganz vor mir aus.

Louis Ferdinand: Wie süß du die Lippen bewegst!

Königin: Willst du sprechen? Mit solchen Stunden ist die Zeit nicht verschwenderisch. Aber: rückhaltlos?

Louis Ferdinand: Rückhaltlos! Wenn übermütige Engel lachen, so muß es klingen wie dieses „Rückhaltlos"! Wiederhole es mir: „Rückhaltlos".

Königin: Ich höre.

Louis Ferdinand: Aber ich weiß nicht, wie es sich anhören wird, was sich aus dieser Brust befreit.

Königin: Das eben möchte ich wissen! So schwer wird's dir? Ich werde einen lieben Menschen kennen lernen.

Louis Ferdinand: Auf meiner Stirn muß ein Gotteszeichen stehen.

Königin: Wie, mein Lieber?

Louis Ferdinand: Wie mache ich mich verständlich! Mich durchglüht Kraft, einem Volke die Flügel zu lösen! Sie muß mir aus den Augen brennen. Erschrecken Sie? Mein Mund bleibt stumm.

Königin: Ich versprach es Ihnen doch.

Louis Ferdinand: Denken Sie an den Aufstand der Bürger heute abend! Mir vertrauen die Leute! Ich frage mich: Warum? Denken Sie an die Armee! an die Generale! Ich soll für jeden Wunsch der Dolmetscher sein! Von mir erwartet man jegliche Lösung! Warum von mir? Bin ich denn ein Gottverfluchter? Aber warum wächst von Frankreich her gerade jetzt Gefahr auf Gefahr! Warum gerade jetzt bläht sich dieser Bürgergeneral und speit seine Beleidigungen über unsere Altäre aus? Dem Plebejer bin ich gewachsen! Ich kann es nicht mehr mit ansehen, wie man die Dinge laufen läßt.

Königin: Genug.

Louis Ferdinand: Preußens Schicksal ist das meine, und das regiere ich!

Königin: Nehmen Sie Rücksicht! Ich wußte ja nicht. Gott!

Louis Ferdinand: Vielleicht reißt mich meine Jugend zu solcher Sprache hin; oder vielleicht, vielleicht, weil mir noch kein Größerer gegenübertrat. Wär ich nicht Prinz! Das sind die Handschellen an meiner Faust! Sie stehen vor mir wie ein Marmorbild?

Königin: Ich gestehe: Ihre Phantasie bewegte mich.

Louis Ferdinand: Den Namen verdient es nicht! Was sich zum erstenmal in Worte quälte, das soll jetzt leben.

Königin: Auf dieser Erde?

Louis Ferdinand: Ja! Ja! Fühlten wir unsere Kraft!

Königin: Lieber Freund: Ich bin schön! Aber kann uns nicht beides genommen werden?!

Louis Ferdinand: Schönheit.

Königin: Ebenso die Kraft.

Louis Ferdinand: Wer könnte sie uns nehmen!

Königin: Wer sind wir vor Gott!

Louis Ferdinand: Wie?

Königin: Er machte uns stark, um unter die Menschen zu gehen, und ihre Seelen zu bilden zur höchsten Bestimmung.

Louis Ferdinand: So wäre es gleich, ob wir unter märkischen Kiefern leben oder an der Seine?

Königin: Gegen Frankreich habe ich so wenig, wie gegen irgendein anderes Land, aber wie ich meine Kinder vor allen fremden zärtlicher liebe, so sind mir meine Brandenburger, meine Preußen inniger ans Herz gewachsen. Ihnen wollen wir unsere Kräfte bringen. Ferdinand, ich erahne einen Frühling.

Louis Ferdinand: Ich atme ihn aus deinem Wort. Senk nicht den Blick. Aus ihm begreife ich Gott und seine Schöpfung! Wonnen überfluten mich! Die Welt wird warm! O, Frau.

Königin: Mir tanzen Flammen vor den Augen.

Louis Ferdinand: Was hat danach noch Wert!

Königin: Ich werde viel leiden müssen um dich.

Louis Ferdinand: Ich fühl' nur Harmonie! Und trägt die Menschen dieses Gefühl, wie mich, an die Sterne! Weshalb dann leiden! Gott tut die Arme auf! Gehorchen wir! Was uns beseligt, überströme das Land! In aller Herzen: die Kraft! Das scheint der Weg für Preußens Freiheit! Ich fühle schon, er ist's! Luise! Stürmen wir ihn!

Königin: Mir befahl Gott, den Weg als Königin zu gehen.

Louis Ferdinand: Hat denn dieses „Muß" ewig Macht! Mir verdunkelt es die Sonne!

Königin: Herrlich: Einen Mann zu sehen unter seiner Pflicht. Von ihm geht Kraft aus!

Louis Ferdinand: Eisen um brennende Schläfen! Will uns der Himmel denn so hart!

Königin: Ich hätte wohl Mitgefühl. Begriffe ich nicht in seiner Tiefe das Gebot der Pflicht!

Louis Ferdinand: Aber, daß es uns auslöscht! vernichtet — begreifen Sie das auch?

Königin: Ferdinand: Ich bin Mutter.

Louis Ferdinand: Meine Königin!

Königin: Du wirst dich wiederfinden. Ich weiß es. Das macht mich sehr mutig. (Ab.)

Louis Ferdinand: Sind meine Lippen unwert, deine Hand zu küssen! „Du wirst dich wiederfinden!" Wo denn bin ich! Gab mir nicht ein Gott die Kraft! Über Nacht könnten die Flügel brechen. Unsinnig! Diese Flügel! Aber warum denn nicht; warum denn nicht! Auftauchen kann ein Gesicht am Horizont ... das mich ... Ich seh es in der Luft gebildet.

Wiesel (tritt auf): Ich hörte Sie rufen.

Louis Ferdinand (gewürgt): Ganz und gar nicht.

Wiesel: Sie haben gute Bücher. Fand ein Bändchen in Schweinsleder. Die angestrichenen Stellen setzen ein Mosaik Ihrer Persönlichkeit zusammen! Wo ich blättre, Ihr Bleistift. Hier, sogar dreimal bezeichnet: Aut caesar! aut nihil. Drei Striche. Sie lieben die Stelle?!

Louis Ferdinand (nimmt das Buch fort): Die Bibliothek soll verbrannt werden.

Wiesel: Bravo. Weg mit den Zinnsoldaten.

Louis Ferdinand: Es wird immer deutlicher. Wie? das wäre möglich!

Wiesel: Wodurch beliebte man Sie zu schrecken? Weshalb ziehen Sie die Gardinen vor? Ein Genie ist von Gefahren umlauert.

Louis Ferdinand: Ich bin kein Genie! Da! Die Pracht meiner Existenz, die dich blendet. (Wirft ihm seine Orden vor die Füße.)

Wiesel: Eine Frau hat solche Macht?

Louis Ferdinand: Pflichten! Auf den Nacken wieder Pflichten. Zurück vor den Thron! Gute Geister: Gebt mir Stimme, respektvoll genug zu sagen: „Mein König!"

Wiesel: Mein König.

Louis Ferdinand: In der Gurgel ersticken soll dir der Ton.

Wiesel: Ich sagte nichts, was mein gnädiger Prinz nicht auch gesagt hätte.

Louis Ferdinand: Du verpestest die Luft.

Wiesel: Kann ein Wort so eitrig sein, daß es nur durch sein Nennen die Luft verstinkt!

Louis Ferdinand: Aus dem Gesicht!

Wiesel: Naturereignis: Vor irgendeinem Nachtlicht fürchtet sich die Sonne!

Louis Ferdinand: Wüßt ich etwas von dem Dünkel — ich wäre mir verhaßt! Durch und durch!

Wiesel: Sie hätten noch nie vor dem Spiegel gestanden? Entzückt! Und geseufzt: „Warum, o Gott."

Louis Ferdinand: Kriechst mir in die Eingeweide. (Will fort.)

Wiesel: Ertappt?

Louis Ferdinand: Bist du verrückt?

Wiesel: Weshalb scheuen Sie meinen Blick?

Louis Ferdinand: Bilde dir so etwas nicht ein.

Wiesel: Es ist still um uns.

Louis Ferdinand: Du wirst seltsam dreist?

Wiesel: Man hört den Herzschlag. Sie gehen in Ihren Musiksaal?

Louis Ferdinand: Exzellenz? Was wollen Sie von mir?

Wiesel: Spielen Sie, aber ich erwarte Sie hier.

Louis Ferdinand: Du hast ein anderes Gesicht, mir fremd. (Zerrt ihn an die Kerzen.) Ich will in jede Falte sehen! Pflegst deine Haut nicht. Du kicherst?

Wiesel: Sie reißen mir noch das Fleisch vom Arm.

Louis Ferdinand: Mich verfolgt etwas mit leisem Tritt.

Wiesel: Einbildung.

Louis Ferdinand: Bleibe!

Wiesel: Ich wollte nicht fort.

Louis Ferdinand: Das darfst du auch nicht. Sollst du nicht! Nie, hörst du!

Wiesel: Kann das Licht aus der Flamme?

Louis Ferdinand: Mein Kopf ist kalt vor Schweiß.

Wiesel: Ist es recht, so ziehe ich die Gardinen wieder auf?

Louis Ferdinand: Nein! Erst stech' ich mir die Augen aus.

Wiesel: Gut.

Louis Ferdinand: Gut? Furchtbar!

Wiesel: Dem Blinden öffnen sich unendliche Augen.

Louis Ferdinand: Meine Kehle ist wie zugeschnürt.

Wiesel: Es klopft. Haltung, gnädiger Prinz! Eben wieder; es war im Nebenzimmer! Darf ich nachsehen? (Ab.)

Louis Ferdinand: Treuer Mensch. Wiesel, mein Wiesel.

Wiesel (zurück): Egidy! Sie müssen den Offizier empfangen. (Ab.)

Louis Ferdinand: Ich sagte nicht „ja".

Wiesel (zurück mit v. Egidy): Dort steht der Prinz.

v. Egidy: Auf Befehl des Fürsten Hohenlohe!

Louis Ferdinand: Sein Auftrag!

v. Egidy: Komme ich nicht recht?

Louis Ferdinand: Sein Auftrag!

v. Egidy: Die Garnison ist ausgerückt, aber in dem Armeebefehl steht nichts von Krieg.

Wiesel: Kaum glaublich.

v. Egidy: Bei Soldaten wie Bürgern ist die Enttäuschung groß. Man wollte Euer Hoheit Palais stürmen! Polizei schaffte Ordnung, aber nun beherrscht ein Wunsch Berlin.

Wiesel: Begierig?

v. Egidy: Prinz Ferdinand im Kriegsrat zu wissen. Was ist dem Prinzen?

Wiesel: Zu Ende! Zu Ende!

v. Egidy: Fürst Hohenlohe gab sein Wort, daß Prinz

Ferdinand nach Erfurt käme! Er bittet Eure Hoheit, ihn nicht wortbrüchig zu machen. Winkt mir der Prinz zu gehen?

Wiesel: Also —

v. Egidy: Erlauchter Prinz!

Wiesel: Trennen Sie sich von seinem Anblick.

v. Egidy (leise): Auf unseren Fahnen dies Bild!

Wiesel: Gruß den Generalen! An den Fürsten empfehlen Sie uns. (v. Egidy ab.)

Louis Ferdinand: Ballt sich unter meinen Füßen die Luft!

Wiesel: Was erstaunt Sie? Jesus ging auf dem Wasser.

Louis Ferdinand: Vor meinen Augen wächst etwas, wie, woher: weiß ich nicht! Ich sehe nur, wie es wächst. Jedes Stäubchen gibt Nahrung, daß es wächst.

Wiesel: Was wächst, ist Natur! Nochmals: Was erstaunt Sie?

Louis Ferdenand: Ein Säulenbau beginnt zu wanken in mir: Eherner als das Kapitol!

Wiesel: Die Welt wackelt wo man sie anblinzelt.

Louis Ferdinand: Soll ich über das Menschenknäuel?!

Wiesel: Was hab ich darunter zu verstehen?

Louis Ferdinand: Man braucht mich, Wiesel.

Wiesel: Jetzt lesen Sie das napoleonische Dokument.

Louis Ferdinand: Ja! auf Eure Fahnen ein Bild!

Wiesel: So lesen Sie: Die Proklamation schrieb das Schicksal für Sie.

Louis Ferdinand (liest): ... ce qui suit: „La maison de Brandebourg a cessé de regner."

Wiesel: Klingt höchst abenteuerlich für einen Kaiser.

Louis Ferdinand: Hm?

Wiesel: Es handelt sich um Brandenburg!

Louis Ferdinand: Wirklich?

Wiesel: Freilich: „Wirklich".

Louis Ferdinand: Seit wann deine Sorge um Brandenburg?

Wiesel: Sie legen den Erlaß bei Seite, Prinz? Lombard hütete ihn im Auswärtigen Amt mehr als seinen Augapfel.

Louis Ferdinand: Jeder Satz schleicht sich an mich heran? Kennt der König dies Papier?

Wiesel: Nein.

Louis Ferdinand: Das hieße, in dem Blatt duckt sich eine Kraft, die man loskoppeln kann, wie bissige Köter!

Wiesel: Es wäre in Ihrer Hand quasi ein Licht, das Ihnen zu Erfurt im Kriegsrat die geheimsten Gewebe der Menschenbrust erhellen wird.

Louis Ferdinand: Ist das zu wissen gut?

Wiesel: Wissen ist immer gut.

Louis Ferdinand: Merkwürdig: Ich hätte es dir früher nicht bestätigt.

Wiesel: Bravo, Prinz.

Louis Ferdinand: Es gibt zu tun.

Wiesel: Viel, viel, viel! (Man hört die Künstler.)

A. Zeitblom: Hier ist Licht!

J. Ph. Wenzel: Hier! hier! Freunde!

A. Zeitblom: Ach, Exzellenz! Ach, liebster Prinz! weit und breit war kein Geist da, zum Anmelden. (Dussek und Dr. Lazarus.)

Wiesel: Welch glühendes Aufatmen!

J. Ph. Wenzel: Ach, wir haben ja etwas so Wunderbares erlebt.

A. Zeitblom: Wir sahen der Volksseele in die blauen Augen.

J. Ph. Wenzel: Ähnliches las ich nur in den Annalen frühester Germanengeschichte.

Dusseck: Vom Seifenschaum weg zerrten wir den Friseur.

J. Ph. Wenzel: Der Franzose! mit seiner Emigrantenkolonie!

A. Zeitblom: Der uns pro Bartstutzen regelmäßig fünf Groschen mehr abverlangte.

J. Ph. Wenzel: Der Varuslümmel! Lange genug mußten wir unter dem Rasiermesser den Atem dieses Parasiten erdulden.

Dusseck: Aber wir haben sein Firmenschild vernichtet.

J. Ph. Wenzel: Auf dem Alexanderplatz habe ich es zerstampft! Alle Bürger halfen begeistert! Ach, Hoheit: Das waren ja keine Berliner mehr! Ach! Ach! das waren Cheruskergestalten.

Dusseck: Unter den Locken hat sich das Straßenereignis bereits auf den Generalbaß gestaltet.

A. Zeitblom: Als wir durch das geliebte Brandenburger Tor marschierten, sah ich mitten durch den Himmel einen Engel fliegen ...

Dr. Lazarus: Ich fühle es, und fast wage ich es zu sagen: Nicht mehr fern wird die Zeit sein, die uns Kindern Gottes den Tempel auftut ... in unermeßliche Räume einer krystallhellen Vernunft.

A. Zeitblom: Ein goldenes Zeitalter bricht an.

J. Ph. Wenzel: O Barbarossa, dein Aar hat seinen Horst verlassen! Vom Kyffhäuser flüchteten die Raben.

Dr. Lazarus: Ein großer Gedanke reifte in uns!

J. Ph. Wenzel: Germanien braucht einen Armin!

Dr. Lazarus: Wir Auserwählte ...

A. Zeitblom: Die Elite der Nation ...

Dr. Lazarus: Wir wollen die Augen offen halten, daß wir ihn entdecken.

J. Ph. Wenzel: Dazu, o Prinz, haben wir einen neuen Verein gegründet ... mit dem Namen „Arminius"!

Dusseck: Statuten sind in der Weinstube schon hinterlegt.

A. Zeitblom: Ach.

Dusseck: In der Musik Geliebtester: eine Bitte!

Dr. Lazarus: Hoheit, dürfen wir herzlich, ergebenst wagen ...?

A. Zeitblom: Der Vorsitzende ist nämlich noch nicht erwählt.

Wiesel: Über meine Unterstützung verfügen Sie ganz.

Alle: Aber der Prinz!?

A. Zeitblom: Weshalb äußert sich unser ehrwürdiger Prinz nicht dazu?

Wiesel: Sie ließen ihn ja bisher nicht zu Atem kommen.

Dr. Lazarus: Geduld! Er erwägt unsern Plan.

A. Zeitblom: O Himmel; er überlegt.

J. Ph. Wenzel: Er erhebt sich.

A. Zeitblom: Freude! Freude! er spricht.

Wiesel: Hinter Ihrer Stirn hat sich etwas gebildet?

Louis Ferdinand (nimmt das Dokument): Jetzt umgürte Gott den König mit Kraft.

Wiesel: Daran zweifeln Sie wohl selber nicht ... oder?

Louis Ferdinand (ab).

A. Zeitblom: Wie schrecklich war sein Blick?

Dusseck: Was für ein Pergament nahm er mit?

Wiesel: Gute Herren: Unter Ihnen war ein Adler; daß Sie ihn streicheln durften, bemerkten Sie nicht. (Ab.)

J. Ph. Wenzel: Ein Adler?

Dr. Lazarus: Beatus, qui nescit culpam!
J. Ph. Wenzel: Wohin gehen wir!
A. Zeitblom: Wohin?
Dussek (an der Tür): Draußen regnet es (Künstler ab).

Vierter Akt

Erste Szene.

Zu Erfurt im Rathaussaal.

(In den Fensternischen junge Offiziere. Ordonnanzen um eine reich=
bedeckte Tafel.)

Graf Romberg (von links): Wie weit? Wie weit? Jede Minute ist die Sitzung beendet. Alles herauf aus den Küchen. Dies Gedeck fort! Prinz Ferdinand erscheint nicht. (Ab.)

Graf Retwitz (hinterher): Wo ist Prinz Oranien? Der Kriegsrat beordert ihn. Prinz Oranien! (Ab.)

Graf v. Rohr: Aha! Ferdinand muß mit Paulinchen spielen! Wohin hat man uns gesetzt?

v. Böm: Hier unten hin.

Graf v. Rohr: Und dem König gegenüber?

v. Böm: Den Magistrat von Erfurt.

Graf v. Rohr: Natürlich. (Hebt vom Tisch einen Goldpokal.) Den Pokal wollt' ich mir in Dukaten einschmelzen.

v. Vahlen: Hat der olle Fritz der Stadt geschenkt.

v. Egidy (von links): O, die Federbüsche! Von einem Kriegs=
rat keine Spur! Eine Friedenskonferenz!

Graf v. Rohr: Was! Was! Was!

v. Egidy: So oft man unseren Feldherrn, den Herzog, nach der Kriegserklärung befragt, wird er rot und kollert los, wie ein Truthahn.

Graf v. Rohr: Der Braunschweiger hat Arterienverkalkung.

v. Böm: Egidy?

v. Egidy: Seht dort am Horizont, sind das Feuerscheine?
Graf v. Rohr: Abendröte! Simple Abendröte.
v. Vahlen: Am Zollhaus hörte ich: Seit Stunden käme über die Saalelinie kein Proviant mehr in die Stadt.
v. Egidy: Ich stehe, wie auf feurigen Kohlen.
König (mit Lombard und Braunschweig): Den Kornblumenkranz pflückte meine Frau auf der Fahrt zur Armee.
Braunschweig (sieht die Offiziere): Herren, schon Appetit? Führt die Bürgermeister her. Das Festmahl kann gleich beginnen. Auf silbernen Trompeten soll es über den Markt geblasen werden. Versteht: Abtreten. (Offiziere ab.) Majestät, ist der Aufmarsch unserer Armee nicht vorzüglich durchdacht?
Lombard: Auf diese glänzende Truppenentfaltung hin wird Napoleon Eurer Majestät Schreiben gleichfalls mit Friedensvorschlägen beantworten.
König (mit dem Kranz): Blau, wie ihr Blick. Ich bin recht froh, die Königin bei uns zu wissen. (Will gehen.)
Lombard: Sire, Ihre Anwesenheit besänftigte die Kriegslust der Generale.
König: Kriegslust? Ach, so fürchten Sie wirklich?
Braunschweig: Hohenlohe ist ein ruhmsüchtiger Mann!
König: Nein, nein. Ich bin sehr zuversichtlich.
Beide: Majestät?
König: Das könnt Ihr nicht verstehen. (Ab.)
Lombard: Um die Häuser schwirrt eine Fledermaus. (Ab hinter dem König.)
Braunschweig: Hätte ich nur nicht den Oberbefehl. Zu kommandieren über abgestumpfte Greise! (Am Schlüsselloch.) Das leidige Thema? Prinz Ferdinand? Da hol doch. (Will hinein, stutzt.) Ei sieh: Oranien! Und in Trauer bist du erschienen? In Trauer? Verflucht: die Blase. (Ab nach rechts.)

Hohenlohe (mit einigen Generalen von links): Eh' setz ich mich nicht zu Tisch. Das wenigstens soll durchgesetzt werden. (Offiziere zurück.) Saht Ihr den Herzog?

v. Egidy: Nein, aber Exzellenz Lombard. Er ist soeben auf den Turm gestiegen.

Hohenlohe: Auf den Turm? Auf welchen Turm?

v. Egidy: Vom Rathaus, Durchlaucht. Die Aussicht soll hervorragend sein.

Ein Major (liest): Protokoll: Unsere Armee sucht den Feind auf. Er stehe, wo er wolle. Sieht sie eine zweite feindliche Armee, so marschiert sie nach gewonnener Schlacht dahin links ab.

Hohenlohe: Gut, gut. Der Herzog. (Braunschweig kommt.)

Ein Major (liest): Wir brechen alle Dämme wie ein reißender Strom.

Hohenlohe: Gut.

Ein Major: Und alle Manöver des Feindes sollen wie Nebel zerstieben.

Hohenlohe (zu dem Major): Genug! (Zu Braunschweig.) Wegen des Kommandos für Prinz Ferdinand bei Saalfeld sind die Generale meiner Ansicht.

Braunschweig: Ruhe! Vor allen Dingen Ruhe! (Geht voraus, die andern folgen nach links ab. Die jungen Offiziere bleiben zurück.)

Offiziere: Die Türe blieb offen.

v. Egidy: Der Herzog platzt vor Wut.

Graf v. Rohr: Was redet er da von „Erfahrung"?

v. Egidy: Er behauptet, an die Front gehörten nur Soldaten voll „Erfahrung".

v. Böm: Zum siebentenmal sagt er: „Erfahrung".

Graf v. Rohr: Stühle rücken. (Alle treten zurück.)

Braunschweig (mit Hohenlohe; auch die übrigen Generale kommen nacheinander heraus): Basta! Basta!

Hohenlohe: Und weshalb wollen Sie Prinz Ferdinand diesen Posten bei Saalfeld nicht anvertrauen?

Braunschweig: Bitte! Bitte! Bitte!

Hohenlohe: Weshalb sträubt sich Ihr Haar schon beim bloßen Namen Saalfeld?

Braunschweig: Von Saalfeld still. Fürst, ich bitte keine Silbe von Saalfeld mehr. Man soll nicht Händel suchen. Saalfeld besetzen heißt Händel suchen.

Hohenlohe: Wie? der Übergang unserer Truppe soll nicht gedeckt werden? Saalfeld bleibt der bedeutungsvollste Posten für den ganzen weiteren Verlauf der Campagne.

Braunschweig: Vom Übergang über die Saale war nie die Rede.

Hohenlohe: Ihr letztes Wort?

Braunschweig: Oder war die Rede davon?

Hohenlohe: Sie wollen den Offensivgedanken fallen lassen?

Braunschweig: Beraten wir morgen darüber weiter.

Hohenlohe: Morgen, immer morgen.

Braunschweig: Eine alte Erfahrung: Entschlüsse soll man beschlafen.

Hohenlohe: Wir sehnen uns nach den Türmen von Paris.

Braunschweig: Der König! (König kommt.) Er will zu Tisch.

Hohenlohe: Dies Hin und Her macht kopflos.

Braunschweig: Der König will zu Tisch. Er winkt uns zu sich.

König: Mein Kammerherr bringt eine Einladung von Fürst Rudolstadt. Er gibt den Offizieren heute Nacht einen Ball. Mein Erscheinen habe ich zugesagt. Die Königin ist bereits auf dem Wege zum Schloß.

Graf Romberg: Es wäre Seiner Hochfürstlichen Durchlaucht dem Fürsten erwünscht, wenn die Herren des Kriegsrates daran teilnehmen könnten.

Hohenlohe: Ich habe eine Konferenz mit meinem Generalstabe.

Lombard: Liebster Fürst, es wird aber ein ganz charmantes Fest geben.

Braunschweig: Ich erinnere: in Rudolstadt hat man die ältesten Weine.

Lombard: Was war das?

Graf Romberg: Böllerschüsse. Böllerschüsse. Erfurt begrüßt Eure Majestät.

König: Freundliche Stadt.

Hohenlohe: Sire, welcher Befehl soll nun Prinz Ferdinand übermittelt werden?

König: Herzog?

Braunschweig (zu Hohenlohe): Die Gelbsucht! (Zum König.) Majestät: Billigen Sie das Avantgardenkommando des Prinzen um Gotteswillen nicht.

Hohenlohe: Es ist der Wunsch des ganzen Kriegsrates, den kampfbewährten Prinzen durch den Posten bei Saalfeld zu ehren.

Braunschweig: Kampfbewährt! Nicht kampfbewährter als irgendein Rittmeister, der ein paar Campagnen hinter sich hat.

König: Hohenlohe?

Hohenlohe: Zu Tisch, wenn es Euer Majestät beliebt.

König: Herzog?

Braunschweig: Zu Tisch!

König (beschwichtigend): Ist dies Kommando denn so wichtig ...

Braunschweig: Aber der Prinz könnte im Eifer nach Lorbeeren draufgehen!

Lombard: Das wäre nicht erwünscht.

Braunschweig: Was wäre nicht erwünscht?

Graf Romberg: Der Magistrat verneigt sich vor Eurer Majestät.

König (zu Braunschweig und Hohenlohe): Entscheiden Sie nach Ihrem Gutdünken. (Ab mit Graf Romberg, im Hintergrund bleiben sie sichtbar.)

Braunschweig (zu Hohenlohe): Fürst, ich ersuche Sie, Prinz Ferdinand von seinem Kommando in Kenntnis zu setzen.

Hohenlohe: Erstaunlich schnell den Sinn geändert!

Braunschweig: Überlegen wir, mein Bester. Der Prinz wird doch nicht draufgehen! Weshalb sollte er draufgehen. Enfin, er ist doch Mensch wie wir, und nicht nur „Feuer" und „pack an". (König gibt ein Zeichen; Musik und das Festmahl beginnt.) Jugendklänge! Mit dem Walzer gewann ich meine erste Frau!

Hohenlohe: Herzog!

Braunschweig: Welcher Vorwurf. Ja, Donnerwetter. Ist das Leben nicht kurz genug! (Ab, hinter ihm Hohenlohe, zu Tisch.)

Graf v. Rohr: Der Herzog tanzt zu Tisch.

v. Egidy: Hohenlohe wankt am Stock?

v. Böm: Wie ist das für uns zu deuten?

Alle: Achtung! (König mit Kriegsrat hat an der Tafel Platz genommen.)

Graf v. Rohr: Ein Bürgermeister will reden.

Bürgermeister: Erhabne Majestät! Nachdem Sie soeben in ernster Beratung unseres Volkes Schicksal mit weisem Herzen zu lenken geruhten, ist es mir ein innigstes Bedürfnis,

Ihnen, Majestät, als hohem Schirmherrn des Landes, in Erfurts altehrwürdigen Mauern ein untertänigstes Willkommen ehrerbietigst bieten zu dürfen. Mit mir begleitet die Bürgerschaft Euer Majestät glorreichen Weg nach Paris mit innigsten Gefühlen unwandelbarer Treue zu König und Reich.

Generale: Bravo!

Bürgermeister (außer Fassung gebracht): Voll und ganz. Wie denn auch meine Amtsbrüder mit mir, submittest zu ersterben, erschienen sind; wage ich es, Ihnen, Majestät, in dem Pokal Ihres erhabenen großen Oheims Friedrich, den Willkommenstrank darzubieten.

König: Eurer Magnifizenz danke ich für den herzlichen Empfang. Euer Magnifizenz, seien Sie versichert, die Armee rechtfertigt Ihr Vertrauen. In diesem Sinne entbiete ich der Bürgerschaft meinen landesväterlichen Gruß! (Trinkt.) Generale! Ich lasse den Pokal die Runde gehen.

Generale: Majestät!

König: Soll ich allein getrunken haben.

Lombard (nimmt den Pokal): Ich eröffne den Reigen! Charmant! Charmant! Au grand philosophe! (Trinkt, der Pokal macht die Runde.)

Oranien: Trinkt nicht!

König: Wie geht es meinem lieben Schwager?

Ein General: Der alte, gute Herr. Lieber Gott, um den Becher zu ersparen, aß er zwei Wochen kein Fleisch. (Trinkt.) Der alte, gute Herr. (Allgemeines Gelächter.)

Hohenlohe: Fridericus Rex! (Trinkt.)

Oranien: Seht Ihr ihn?

König: Musik.

Graf Romberg: He! Stabstrompeter: spielen!

Oranien: Seht Ihr seine Heerscharen durch die Nacht ziehen?

König: Musik. Ich bitte darum.

Oranien: Ihr trinkt alle?

Braunschweig: Prinz Oranien läßt den Pokal aus? (Nimmt den Pokal.) He! Drei Mann! Vollgießen. Voll, bis zum Rand voll!

Alle: Champagner! Champagner! Wir machen es nach!

Braunschweig: Es lebe Napoleon! So spülen wir ihn weg, wie ein Infusionstierchen. (Trinkt.)

Ein General: Geleert! Auf die Nagelprobe!

Braunschweig: Der alte Rex würde mit uns zufrieden sein.

Oranien: Seht Ihr unter uns sein Schwert?

Graf Romberg: Prinz Oranien sieht sozusagen in der leeren Luft ein Schwert.

v. Egidy: Hohenlohe! (Offiziere um ihn.)

König: Der Fürst? Ursache?

Graf Romberg: Er hatte die Halsbinde etwas fest. Er ist aber ganz bei Besinnung.

König: Lärm!

Alle: Lärm?

Graf Romberg (am Fenster): Vor dem Rathaus halten Pferde! Schickt! Schickt! (Zu Hohenlohe.) Mein Fürst?

Hohenlohe: Mir ist ganz wohl, Eure Majestät, die Jahre machten das Herz nicht mehr wetterfest. (Louis Ferdinand kommt, mit Wiesel und Offizieren): Prinz Ferdinand!

König: Was führt Sie her?

Louis Ferdinand: Es wird getafelt? Ich hoffte, vor dem Kriegsrat zu erscheinen.

Braunschweig: Um diese Stunde wird erfahrungsgemäß gegessen.

Louis Ferdinand: Für den König dies Dokument.

Hohenlohe: Mein Herz hat seinen Takt.

Generale: Seht auf den König?

König (hat das Dokumment gelesen): Es klingt fraglich. Lombard, aber warum nicht vorgelegt?

Lombard (liest): Allerdings. Ich bestreite nicht die Möglichkeit, aber ich halte die Möglichkeit nicht für wahrscheinlich; und wegen einer unwahrscheinlichen Möglichkeit Eurer Majestät schlaflose Nächte zu bereiten, hielt ich nicht für meine Pflicht, nicht für mein Recht.

Generale: Was steht in dem Papier?

König: Mein Auge sucht die Treuen im Land. (Gibt die Schrift an Braunschweig.) Herzog, lesen Sie. (Zu Louis Ferdinand.) Hoheit brachten Schwadronen mit?

Louis Ferdinand: Ich erwarte den Befehl, Hochverräter zu eskortieren. (Große Bewegung.)

König: Vorsichtig! Vorsichtig! Man sei doch endlich vorsichtig. Was sagt der Marschall?

Braunschweig: Lächerlichkeiten.

Louis Ferdinand: Beliebt es Eurer Majestät, dies vor dem Kriegsrat entscheiden zu lassen.

Braunschweig: Vor dem Kriegsrat! Junger, zopfloser Prinz! Mein Haar ist weiß geworden im Dienst! Vor dem Kriegsrat. Haben Sie Roßbach mit erlebt?

Generale: Wir Generale warten.

Braunschweig: Meine Herren, ich möchte die Tafelrunde nicht mit Lächerlichkeiten langweilen. (Gibt das Dokument dem König zurück.)

Generale: Der König behält das Dokument?

Hohenlohe (zu Louis Ferdinand): Das Sprechen wird mir schwer. Ihr Komandobefehl. (Gibt Louis Ferdinand einen Befehl.)

Louis Ferdinand (ohne ihn zu lesen, beobachtet den König): Wo bleibt Gott?

Braunschweig: Was sprach der Prinz? Wer hörte es. (Schweigen, er tritt plötzlich zwischen König und Louis Ferdinand.) Muß man den König schützen!

Louis Ferdinand: Den König?! Feldherr: In Gefahr ist Preußen! (Ab.)

Einige (spontan, flüsternd): Prinz Ferdinand!

König: Was wird getuschelt?

Oranien: Gegen wen reißt Ihr Augen auf. Ihr werdet ihm dienen als Mist auf dem Acker.

König: Ärzte!

Oranien: Über alles Fleisch kommt ein Gericht!

König: Man melde mir Näheres über Oraniens Raserei. (Ab mit Lombard, Bürgermeistern und Graf Romberg.)

Braunschweig: Im übrigen ist uns der Napoleon so gewiß, als ob wir ihn in diesem Hute hätten. (Zu einigen, die hineinsehen:) Zum Ball ist ein neues Schweißleder drin.

Graf Romberg (zurück): Die Marschälle, wer sich sonst unserer Reise anschließen will. Es geht nach Rudolstadt. Majestät fordern alle freundlichst auf.

Braunschweig: Erfahrungsgemäß sind solche Überlandfahrten höchst amüsant. (Ab mit Graf Romberg.)

Hohenlohe (setzt sich): Ich fühle es noch in Mark und Bein.

Haugwitz: Will sich Exzellenz Wiesel nicht zu uns setzen?

Wiesel: Wenn Sie der König nicht in Anspruch nimmt, von Herzen gern!

Hohenlohe: Wollen wir nicht die Plätze ausfüllen. Bitte heranrücken.

Offiziere: Prinz Oranien?

Hohenlohe: Was die Luft beschwert, wirkt eben auf jede Maschine verschieden. Stört ihn nicht.

Haugwitz (zu Wiesel): Was nutzte uns nun alles!

Wiesel: Herr Graf, ein Schwarzseher; nur weil oben Windstille herrscht?

Haugwitz: Was hat nun alles genutzt. Ach!

Wiesel: Sahen Sie nicht den jungen Prinzen, der eben ging?

Generale: Wer sah ihn nicht!

Wiesel: Ist er nicht eine Säule, zu der man unwillkürlich hinaufsieht.

Hohenlohe: Ein treffender Vergleich.

Wiesel: Er ist ein Mann. Ein seltener Mann.

Haugwitz: Wie bescheiden er im Hintergrund blieb.

Wiesel: Die Bescheidenheit ist der Schatten seiner Tugend.

Hohenlohe: Wie?

Wiesel: Darf ich mit Ihnen anstoßen?

Generale: Gern! Gern!

Wiesel: Auf unseres Königs Gesundheit! (Sie trinken.)

Hohenlohe: Ich war zerstreut. Ich leerte mein Glas, ohne an etwas zu denken. Stoßen wir nochmals an, Exzellenz; auf seine Gesundheit!

Wiesel: Auf seine Gesundheit!

Haugwitz: Lieber Wiesel, hätten wir seinerzeit nur jene Urkunde kopiert.

Wiesel: Wir haben drei Abschriften.

Hohenlohe: Sie sind im Besitz von Abschriften?

Wiesel: Könnten sie Ihnen von Bedeutung sein?

Alle Generale: Außerordentlich, ganz außerordentlich!

Wiesel: Ich gehe zu meinem Sekretär. (Ab.)

Haugwitz: Der Wiesel hört nämlich das Gras wachsen.

Hohenlohe: Ich bin auf den Inhalt der Urkunde merkwürdig gespannt. Die Art, wie man sie uns verschwieg, war erstaunlich.

Generale: Und auffallend.

Hohenlohe: Unser verehrter Prinz sprach von Hochverrätern.

Ein General: Er kam dem König nicht gelegen.

Haugwitz: Ich halte Wiesel für den klügsten Menschen der Zeit.

Wiesel (zurück): Ich hatte meinem Sekretär, der mich in Rudolstadt erwartet, noch Orders zu geben. Durchlaucht, das Schriftstück.

Hohenlohe: Eine Proklamation? Bonapartes? Wer lieft sie? Ich höre nicht, wenn ich lese.

Wiesel: Gern. (Liest vor:) „Napoléon par la grâce de Dieu, Empereur des Français, Roi d'Italie: Nous avons résolu, dit et déclaré. Disons et déclarons ce qui suit: La maison de Brandebourg à cessé de regner." Der Herr Kanzler verbürgt die Richtigkeit.

Haugwitz: Ganz und gar.

Alle: Was sagen Euer Durchlaucht?

Hohenlohe: Wer honorabel denkt, lerne Silence!

Haugwitz: Hm!

Ein General: Prinz Ferdinand hatte sich diesen peinlichen Abgang nicht verdient.

Wiesel: Wollte er etwas Schlechtes, als er dies Papier weitergab?

Ein General: Wer davon Kenntnis hat und Preußen nicht verraten will, mußte handeln, wie er.

Haugwitz: Ohne Zweifel!

Generale: Ganz ohne Zweifel.

Hohenlohe: Der Herzog tat es ab mit: „Lächerlichkeiten".

Wiesel: Prinz Ferdinand war so ganz Wut, daß er mir schwor, Bonapartes Leiche um alle Tore Berlins schleifen zu wollen.

Hohenlohe: Unser Achill!
(Prinz von Oranien entfernt sich unbemerkt.)
Wiesel: Ich begleitete den Prinzen auf der Reise hierher. Ich versichere Ihnen, liebe Herren: von Quartier zu Quartier ein Jubelsturm! Die Soldaten gebärdeten sich! Einige beschworen, sie hätten um des Prinzen Federhut ein blaues Feuer gesehen.
Hohenlohe: Ich bedaure, daß er nur ein Avantgardenkommando erhielt.
Wiesel: Er könnte viel tun.
Hohenlohe: Ich bitte, besetzt die Türen, liebe Herren.
(Es geschieht.)
Hohenlohe: Wo ist Prinz Oranien?
Offiziere: Nicht mehr hier. (Nachdem sie gesucht.)
v. Bahlen: Auch der Nebensaal ist leer.
Hohenlohe: Ging er mit dem König?
Generale: Aber Durchlaucht, er saß ja eben noch mit uns an der Tafel.
Hohenlohe: Geduld! Ich bin zerstreut.
Wiesel: Stieg die bewaffnete Minerva nicht aus Jovis Kopf allein?!
Hohenlohe: Meine Herren, rücken Sie bitte mit den Köpfen zusammen. Zuviel Licht.! (Einige Kerzen werden gelöscht) Ein Wort, wenn es Ihnen beliebt. (Hohenlohe spricht leise mit den Offizieren.)
Wiesel: Herr Graf spüren? Es macht sich ein Lüftchen auf.
Haugwitz: Hm, Gott füge es.
Hohenlohe (laut): Weiß Wiesel etwas über unseres Prinzen Herz?
Wiesel: Es schlafen Sargträger des Königs in ihm.

Hohenlohe: Liebe Herren. Ich bitte, sehen sie auch im Treppenhaus nach. (Einige ab.)

Hohenlohe: Setzen wir uns. Wie spät ist es am Abend?

v. Egidy: Es geht auf 8 Uhr.

Hohenlohe: Auf 8!

Graf v. Rohr, v. Vahlen (zurück): Die Treppen und Korridore sind leer.

Einige Generale (erheben sich).

General: Gestatten Eure Durchlaucht, daß wir gehen?

Hohenlohe: Grund?

General: Eigentlich keiner; und doch. Gestatten Eure Durchlaucht, daß wir gehen?

Hohenlohe: Es tut mir leid für Sie. (Einige Generale ab.) Ihnen, brave Herren, lassen Sie mich die letzten Worte des Testaments des größten Königs ins Gedächtnis rufen. Er schrieb also: „Möge Preußen durch ein Heer, das nur nach Ehre"... Merken Sie auf dieses: „nur nach Ehre".

Generale: „Nur nach Ehre".

Hohenlohe: Allerdings. „Nur nach Ehre und edlem Ruhme strebt"... wie edel war sein Ruhm.

Ein General: Wir tragen ihn an unserm Rock.

Hohenlohe: „Möge er der am tapfersten verteidigte Staat sein." Nun gut... das sagte unser Rex. Lest dazu dieses Dokument: „Haus Brandenburg hat aufgehört zu sein" und fragen Sie sich: was hätte unser Friedrich getan mit jedem, der darauf nicht sofort die einzige Antwort gefunden hätte. Ich lese es auf Ihren Lippen. Wollen wir uns nur immer in allem fragen: was hätte der große König getan. Was hätte er mit Hochverrätern getan?

Offiziere (dumpf): Hochverräter müssen fort.

Hohenlohe: Ernste Pflicht! Preußen ist noch zu retten,

„daß es fortdaure", wie Friedrich weiter sagt, „in höchster Blüte bis an das Ende der Zeiten." Gott will diese Pflicht von uns erfüllt. Wollen Sie?

Generale: Befehlen Sie über uns.

Hohenlohe: Ruft alle Kommandeure zu mir ins Hauptquartier. (Wollen aufbrechen.) Noch eins.

Generale: Hört!

Hohenlohe: Vor zweimal zehn Jahren. In der Nacht, als unser Friedrich starb, war ich in Sanssouci. Es war wohl am Morgen gegen die zweite Stunde, als der Kammerlakai die Türen der Bibliothek aufriß, in der ich mich zur Wache aufhielt. Ich packte ihn am Rock: „He! Stehts schlimm!?" „Er phantasiert, er phantasiert", war seine Antwort. „Er will Prinz Louis Ferdinand sehen. Er nennt ihn den Lieblingssohn des Mars, und kommt nicht davon ab, daß er bei ihm im Zimmer weilt." Wir eilten hin ... nun gut ... nun gut. Dort lag er ... um den bleichen Mund eine Frage; und Friedrich war nicht mehr. Nun gut. Sind meine Augen naß? Denkt nicht klein von mir.

Generale: Edler Fürst!

Hohenlohe: Jetzt gießt den Pokal des großen Königs voll Wein, der vorhin peinlichst die Runde machte. Jeder verbürgt mit einem Trunk sein Schweigen.

v. Bahlen: Der Pokal steht nicht mehr auf dem Tisch.

Hohenlohe: Was? (Sie suchen.)

Graf Rohr: Wir finden ihn nirgends!

Offiziere: Nirgends!

Hohenlohe: Wie soll ich das deuten?

Wiesel: Durchlaucht, höchst einfach. Der Magistrat wird gewohnheitsmäßig den kostbaren Pokal nach dem Gebrauch sogleich wieder im Schatze verwahrt haben.

Hohenlohe: Wie Sie hier stehen. Jeder schwöre in meine Hand. Die Generale zuerst, die anderen Herren folgen. (Es geschieht schweigend.) Das weitere besprechen wir. In Rudolstadt während des Balles finden wir uns zum letzten zusammen. Ich bitte, in mein Quartier! (Offiziere gehen.) Verfluchte Schrift! (Ab mit allen, außer Haugwitz und Wiesel.)

Haugwitz: Noch in dieser Stunde reiche ich dem König meine Demission ein. Empfehlen Sie mich dem gnädigen Prinzen. (Ab.)

Wiesel: Sogar das Silber ist beschlagen. Die Fenster auf. (Graf Romberg tritt auf.) Graf Romberg?

Graf Romberg: Nur Exzellenz Wiesel?

Wiesel: Hm?

Graf Romberg: Mich schickt Majestät zurück. Ich habe den Auftrag zu fragen, ob es den Herren wohl geht und ob Rudolstadt Sie zu seinem sozusagen Tanzfest erwarten darf.

Wiesel: Vermutlich!

Graf Romberg: Vermutlich? Ja?!

Wiesel: Bei dem Tanzfest wird man mit uns rechnen müssen.

Graf Romberg: Schön! Schön! und sonst ist nichts vorgefallen?

Wiesel: Was sollte vorgefallen sein.

Graf Romberg: Ich meinte wegen des Prinzen von Oranien durchlauchtigster Raserei. Im Gefolge behaupten einige, sie hätten den Herrn an uns vorbeireiten sehen!

Wiesel: Ich habe zu tun.

Graf Romberg: Ich wollte nicht gestört haben. Ach, Exzellenz, mein allerhöchster Herr hätte ja so gerne ein paar Worte an Sie gerichtet.

Wiesel: Weshalb tat er es nicht?

Graf Romberg: Die vielen Leute ... sozusagen die unmenschlich vielen Menschen!

Wiesel: Also gute Ruhe.

Graf Romberg: Mein verehrter Herr Wiesel, gleichfalls beste Ruhe. (Ab.)

Wiesel (am Fenster): Glänzt ihr schon, stille Lichter. Könnte ich jetzt den Dom mit Wolken verhängen; aber he, he da droben: Antwort. Wen betet die Menschheit an: euch? Oder den, der euch lenkt?

Louis Ferdinand (kommt): Die Stadt ist leer, im Rathaus keine Seele?

Wiesel: Sie ließen Ihre Soldaten im Stich?

Louis Ferdinand: Meiner Stimmung entsprechend ritt ich munter, sehr teuflisch munter die Landstraße entlang, Saalfeld entgegen. Ein Jäger vom Herzog von Braunschweig hielt mich auf.

Wiesel: Deswegen hätten Sie doch Ihren Ritt fortsetzen können.

Louis Ferdinand: Der Herzog befiehlt mir, zwei Regimenter zurückzulassen.

Wiesel: O! Das bedeutet bei einer Avantgarde einen gefährlichen Ausfall.

Louis Ferdinand: Man hat mir ein Holzschwert in die Hand gedrückt. Darüber muß ich Aufklärung haben.

Wiesel: Sie waren ja schon umgekehrt, ehe der Jäger Sie traf?

Louis Ferdinand: Sprich leise, Wiesel.

Wiesel: Darf uns niemand hören?

Louis Ferdinand: Wo sind alle Herren?

Wiesel: Soviel ich weiß, ist der ganze Kriegsrat unterwegs nach Rudolstadt zum Ball, auch der König.

Louis Ferdinand (still): Man sagt: ein Stammbaum trägt nur eine Blüte. Wenn sie schon gestorben wäre und verwelkte in Sanssouci.

Wiesel: Quälen Sie sich nicht.

Louis Ferdinand: Die Erde ist klein geworden. Die Menschen sind klein geworden.

Wiesel: Pech, Pech.

Louis Ferdinand: Aber wenn man in sich noch Götterblut fühlt.

Wiesel: Unter den Großen: Alexander, Julius, Friedrich — fehlt der größte?

Louis Ferdinand: Der Ritt macht Durst. (Trinkt schnell.)

Wiesel: Du wirst bekannter werden am Himmel, wie der Saturn, der mit den hellen Monden kommt und geht.

Louis Ferdinand (lacht gezwungen): Du sagst, wie der Saturn!

Wiesel: Trägt Ihr Schatten nicht eine Krone?

Louis Ferdinand: Liegt mein Gehirn bloß?

Wiesel: Sieht es nicht aus, als trüge dein Kopf eine Krone?

Louis Ferdinand (leise): Hinter mir her brennt die Erde. (Ab.)

Wiesel: Ich überlasse dich gern der Nacht. Sie wird dich ans Herz drücken, die Nacht. Ferdinand, vor der Dämmerung kulminiert dein Stern.

Zweite Szene.
(Niedriges Zimmer in einem Wirtshaus.)

Heinz (am Fenster): Wenn wir heute abend nur weiter könnten. Dieses Gewimmel von fremden Soldaten halt ich nicht aus, und Pauline kommt überhaupt nicht wieder. Ich packe ihre Koffer aus. Veilchen? Ich finde keine. Woher der Veilchenduft? Puder, Kämme, ihre ganze Wäsche. Wieviel Spitzen und die Hemden! Wie spinnwebedünn!

Pauline (von draußen): Was kramst du in meinen Sachen herum?

Heinz: Kuckuck!

Pauline: Ist das eine Beschäftigung für dich! Nur eine Kerze gibt es hier? Hättest für mehr sorgen können. Übrigens: wir werden hier zwei Tage bleiben müssen. Mach dich gefaßt darauf. Der Posthalter meinte, solange noch Soldaten im Ort wären, bekämen wir unsere Pferde nicht wieder.

Heinz: Wann werden wir nach Paris kommen?

Pauline: Dies Gejammer langweilt mich. „Wann werden wir nach Paris kommen?" Habe ich die Franzosen herbestellt?

Heinz: Während du aus warst, habe ich dir die Schleife wieder an den Mantel genäht.

Pauline: Du nähst? Seit wann nähst du! Dafür habe ich dich nicht mitgenommen. Schlügst du wenigstens den Tisch zusammen. Vielleicht spürte ich dann, daß du da bist.

Heinz: Wie willst du mich?

Pauline: Meine Schuhe sind unbequem. Hilf sie aufschnüren.

Heinz (tut es): Geb ich mir nicht die größte Mühe! Was soll ich tun.

Pauline: Du bist Dein eigner Herr.

Heinz: Aber ich will nur für dich da sein. Erinnere dich doch...

Pauline: Keine Erinnerung! Ich lebe von heut auf morgen. Übrigens haben die französischen Marschälle viel schönere Uniformen als ihr Preußen! Welche verschwenderische

Goldstickerei! Überhaupt: morgen werde ich vielleicht auswärts dinieren. Vielleicht. Ich weiß es noch nicht. Der Marschall, der uns auf der Treppe begrüßte, hat sich erboten, mir seinen Koch zur Verfügung zu stellen. Das wäre mir in diesem elenden Hôtel sehr erwünscht...

Heinz: Du willst von mir fort?

Pauline: Was sagtest du, wenn ich Marketenderin würde. Jedes Regiment hielte mich wie eine Kaiserin! Nun, wie gefällt das Füßchen?

Heinz: Wie?

Pauline: Der Marschall bewunderte meine „kamelienweiße Haut". Die Haare küßte er eins nach dem andern! Und du hältst den Fuß in der Hand, als wäre er ein Holzklotz! Rechne nicht mehr auf mich! Gute Nacht. Näh' brav weiter. Lieber Freund, wenn du bei mir bleibst, hast du kein Herz; ich liebe dich nicht mehr. (Ab.)

Heinz: Pauline! — Was soll ich überhaupt auf der Welt! Meine Uniform darf ich nie mehr anziehen. Vielleicht können mich die Türken gebrauchen. (Will fort. Louis Ferdinand erscheint in der Tür.) Prinz Ferdinand!?

Louis Ferdinand: Ruf meine Adjutanten! Wo ist Nostiz? Ich habe jeden Weg verloren! Du verheimlichst etwas; wo sind meine Offiziere?

Heinz: Ich laufe.

Louis Ferdinand (hält ihn auf): Du würgst die Worte? Was verheimlichst du mir. Trägst du keinen Rock? Wo hast du deinen Säbel?

Heinz: Meinen Säbel.

Louis Ferdinand: Rede! (Heinz stürzt ab.) Wo bin ich? Marschieren? Meine Avantgarde kann das noch nicht sein. Was marschiert da? (Reißt ein Fenster auf, ruft:) Hallo! (Stutzt.)

Bärenmützen? Bin ich wahnsinnig? Immer neue durchs Straßenlicht marschieren weiter ins Dunkel. Endlos, Bajonett an Bajonett. Karten heraus! (Beginnt Aufzeichnungen zu machen.) Ich will nach Rudolstadt in den Tanzsaal eine Meldung schleudern, die den Kriegsrat . . . Halt; eine Meldung? Unter Franzosen: allein? Defiliert nur, französische Garden! Euer Erlebnis reicht nicht über Pyramiden und Sphinxe! Jetzt vorbei, unter meinen Blicken! Zur Seite Kavallerie? Wie Affen auf die Gäule geklemmt. Bayreuther Dragoner: Es gibt ein Hohenfriedberg zu wiederholen! Und die Haubitzen! wie poltern sie über das Pflaster. Vor der Artillerie haben zwei Kaiser gezittert! (Legt eilig die Karten zusammen.) Begreif ich dich, Gott? Auf alle Höhen preußische Kanonen! Louis Ferdinand wird euch empfangen mit den Donnern des letzten Gerichts! (Am Fenster.) Marschieren, immer noch marschieren! Marschieren! Seit Alexander dies „Marschieren". In meinem Reich will ich nur große Gedanken besolden! Gedränge? Warum stockt alles? (Draußen plötzlich Totenstille.) Bleibt die Welt stehen?! (Ihm entfallen die Karten. Im Nebenzimmer Pauline, jubelnd: Napoleon!)

Pauline (stürmt aus dem Zimmer, will zum Ausgang laufen): Napoleon! (Bemerkt Louis Ferdinand, regungslos am Fenster.) Zu mir zurück. Ich wußte es. Glücklich konntest du nicht sein; du gehörst doch zu mir. Oft habe ich dich gekränkt, wenn du nur an deine Soldaten dachtest. Aber, beim Himmel, in mir ist nichts als Liebe zu dir. Die Menschen haben mich vor dir schlecht gemacht. Trotzdem bist du jetzt hier. O Gott! Bist du denn: mein?! Mach was du willst mit mir. Mein! Mein! Für immer: mein! Du starrst aus dem Fenster? Hörst auf kein Wort? Von dir geht Kälte aus. Mein Ferdinand! Geliebter! Ich will dich!! Vielleicht bist du gar nicht zu mir gekommen? Lulu, kein Blick?

Louis Ferdinand (steht an Pauline vorbei, leise): König! Mein König... (Ab.)

Pauline: Liebster Mensch! (In Verzweiflung am Boden, richtet sich auf; still:) Bin eben nur Fleisch. Fangen wir bei dem Marschall an.

Fünfter Akt

Schloßterrasse von Rudolstadt mit Ausblick auf den Thüringer Wald.
(König, Lombard, Graf Romberg.)

König: Wie kam mein Schwager um?

Lombard: Nach der Meldung ist Fürst Oranien in einem Kahn auf die Saale gefahren und mitten im Fluß untergegangen.

König: Wird nach ihm geforscht?

Lombard: Fischer gingen gleich ans Werk.

König: Und Prinz Ferdinand ist noch nicht im Schloß?

Graf Romberg: Der Reiter, der nach Saalfeld abging, traf Seine Hoheit nicht an.

König: Ich muß wissen, wo sich der Prinz aufhält!

Graf Romberg: Vielleicht kommt Seine Hoheit mit dem Kriegsrat. Fürst Hohenlohe versprach, mit seinen Herren noch rechtzeitig zum Tanzfest einzutreffen.

König: In welcher Stimmung war der Fürst?

Graf Romberg: Er hielt sich nicht mehr in Erfurt auf, nur Exzellenz Wiesel war noch im Rathaus.

König: Wiesel allein? Verdächtigkeiten ringsum.

Lombard: Sire, ich hoffe nicht, daß Fürst Oraniens beklagenswertes Ende solche Schatten wirft?

König: Dem Kanzler ist bekannt zu machen: Seine Demission hat nicht meine Zustimmung, noch weniger meine Gnade! Graf, melden Sie mich bei der Königin an. (Beide ab.) Wiesel soll mir Wahrheit geben. (Im Hintergrund: Wiesel,

Generale.) Die Luft ist gegen mich gepanzert; aber meine Hände sind gefaltet, Tag und Nacht. (Offiziere gehen vorüber.) Was soll der stumme Gruß? Zum Maskenfest wählten Sie recht dunkle Mäntel. Es wäre mir lieb, sie gingen fröhlicher zum Tanz. Wie?

Ein General: Keiner sprach.

König: Lieber Fürst, gleichfalls so still?

Hohenlohe: Wie es sich ziemt vor dem König.

König: Aber: geschätzter Wiesel.

Wiesel: Erlauchte Majestät?

König: Klärte sich nicht der Abend zu unseres Fürsten Fest sehr freundlich auf?

Wiesel: Das tat er wohl, Sire.

König: Mein Wunsch: Nützt noch die Nacht. (Ab.)

Wiesel: Das werden wir.

Hohenlohe: Er ist ein gütiger Mensch.

Wiesel: Klug sein, heißt die Ohren spitzen, damit man nicht überrascht wird.

Ein General: Allerdings, der König sprach seltsam.

Hohenlohe: Wirklich?

Wiesel: Höchst seltsam. Wie denken Durchlaucht über einen entschlossenen Offizier, der dem König folgt?

Hohenlohe: Wohin lockt Wiesel? Auf den Weg folgt von uns keiner.

Wiesel: So drängt es doppelt. Unser Blut hat zurzeit Ausdünstungen, die scheinbar dem König schon in den Atem gekommen sind.

Alle: Keinesfalls, keinesfalls.

Wiesel: Verehrte Herren: der Mensch — und da ein König Mensch ist, auch der König — trägt gleich den Tieren des Waldes ein Organ in sich, mit dem er seine Feinde wittert.

Ein General: Feinde, nur weil wir Preußen sind.

Hohenlohe: Keine Entschuldigung. Wir gehen nicht auf verbotenem Wege. Wir sind Wächter über Friedrichs Testament. Liebe Herren, nur fest aufgetreten. Ein Hohenlohe möchte sich nicht anders bewegen. Oder hat sich einer unter Ihnen besonnen, und möchte umkehren? Er gehe ohne Vorwurf! Sie bleiben? Ich nahm es an. Dort kommen Masken.

Ein General: Parole?

v. Egidy (von unten): Louis Ferdinand.

Hohenlohe: Es sind unsere jungen Herren: nur herauf (Offiziere kommen.) Die Ronden erledigt?

Alle: Zu Befehl.

Hohenlohe: Sind die Regimenter bereit?

Graf v. Rohr: Ihre Kommandeure melden sie zur Stelle.

Hohenlohe: Die Schwadronen für die Person des Königs?

v. Egidy: Sind abgesessen im Park und erwarten Befehl. Aber Prinz Ferdinand ist noch nirgends zu sehen.

Hohenlohe: Wiesel sagt, daß der Prinz jeden Augenblick hier eintrifft.

Wiesel: Nur unbesorgt.

Hohenlohe: Oder was bedeuten Ihre besorgten Mienen sonst?

v. Egidy: Es hat sich das Gerücht verbreitet, Prinz Oranien ginge durch die Postenketten. Wo er aber erschienen, dort sähe man jetzt Franzosen gegen unsere Feldwachen anrücken.

Hohenlohe: Oranien ertrank in der Saale. Das steht ganz fest.

v. Egidy: Aber unter den Soldaten herrscht nun solche Beklemmung, daß das Schlimmste zu befürchten ist, wenn sich ihnen Prinz Ferdinand nicht zeigt.

Wiesel: Er kommt ganz gewiß.

Hohenlohe: Keine Furcht. Keine Furcht! Stünde aus jedem Fußstapfen des Oraniers ein Franzose auf: Unser Fels widersteht.

Ein General: Nicht auszudenken, wenn er fiele!

Wiesel: Das hieße wahrlich weiterleben wie ein geköpftes Huhn. (Musik aus dem Schloß.)

Alle (in Bewegung): Der Ball beginnt.

Wiesel: Das Zeichen?

Hohenlohe: Wiesel erinnert, ein Zeichen zu verabreden. Halten Sie es für nötig?

Alle: Für besser.

Hohenlohe: So soll Egidy mir den Degen bringen. Das sei für alle der Wink. Wir finden uns hier wieder ein. Empfangen wird Wiesel den Prinzen. Er wird vorbereitet sein, wenn wir erscheinen. (Zu den Offizieren.) Zum Ball! (Außer Wiesel alle ab; Hohenlohe kehrt um.) Spielt Wiesel Schach?

Wiesel: Mein einziger Luxus.

Hohenlohe: Von welcher Art war des Prinzen Äußerung, daß Sie so zuversichtlich sind?

Wiesel: Er sprach von einem Traum, der ihm einen Thron, für sich errichtet, über den Gestirnen zeigte.

Hohenlohe: Das höre ich nicht gern. Verträgt sich solch ein Traum mit Preußen?

Wiesel: Ist Preußen das A und O?

Hohenlohe: Trotzdem glaube ich: Unsere Wahl krönt einen Preußen. (Ab. Ballmusik. Masken eilen vorüber. Louis Ferdinand betritt die Terrasse.)

Wiesel (bemerkt Louis Ferdinand): Mein verehrter Prinz. Sie überraschten mich. (Louis Ferdinand setzt sich zum Schach und beginnt zu spielen.) Mein durchdachtes Spiel! Zerstören Sie es nicht. Mit welchem Recht nahmen Sie den Turm?

Louis Ferdinand: Wann geht die Sonne auf?

Wiesel: Befehlen Sie es!

Louis Ferdinand: Ich muß häßlich geworden sein.

Wiesel: Nicht häßlicher als Adonis in der Nacht! Treten Sie doch in das Licht. Sie blieben lange genug im Schatten.

Louis Ferdinand: Und vergessen werde ich sein, schon beim Morgengrauen.

Wiesel: Die Ballmusik verwirrt. Gehn wir in den Pavillon.

Louis Ferdinand: Hier sind Menschen fröhlich? Ich wünschte ihnen, diese Stunde der Heiterkeit dauerte tausend Jahre.

Wiesel: Warum verlor Ihre Stimme den Klang aus Sternenhöhe?

Louis Ferdinand: Wiesel: Ich habe ja einen Knochenbau in mir.

Wiesel: Es gibt nichts, was nicht sein Gerüst brauchte.

Louis Ferdinand: Erst jetzt fühle ich es erdrückend schwer.

Wiesel: Ihnen wird es so leicht gemacht werden, daß Sie den Kopf freier bewegen dürfen, als ein Adler unter den Wolken.

Louis Ferdinand: Flügel halten nicht mehr an meinen Schultern.

Wiesel: Etwas ist vorgefallen?

Louis Ferdinand: Ein Astronom sagte mir einmal: Die Sterne, die doch unser Himmel sind, lösten sich schließlich wieder auf in einer kalten, schwarzen Öde, die sich hinter allen Welten dehnt. — Ich glaubte es ihm nicht, Wiesel: Jetzt erscheint mir wirklich alles Licht als Lüge.

Wiesel: Ernsthaft, verehrter Prinz, was haben Sie so Furchtbares gesehen?

Louis Ferdinand: Mich!

Wiesel: Ihr eigenes Bild hätte die Finsternis um Sie gebreitet? (Louis Ferdinand schweigt.) Sieht sich eigne Größe so schrecklich an?

Louis Ferdinand: Wie verstehst du mich!

Wiesel: Du würdest nur dann verbrennen, wenn du dein Gesicht weiter verhüllen müßtest, — aber es wird im Glanz gezeigt werden: aller Welt!

Louis Ferdinand: Sprichst du von mir.

Wiesel: Gibt es sonst ein Gespräch?

Louis Ferdinand: Guter, von einander müssen wir doch.

Wiesel: Wie?

Louis Ferdinand: Deine Hand.

Wiesel: Ei, das hieße die Sonne spalten.

Louis Ferdinand: Ich fühle es: Wachsen zum Höchsten fordert von uns ein ewiges Sichtrennen. Leb wohl, Wiesel!

Wiesel: Ferdinand! Die Sonnenpferde sind bereit.

Louis Ferdinand: Könnten sie mich über das Letzte tragen!

Wiesel: Zum Ziel! Zum letzten Ziel!

Louis Ferdinand: Mir wird der Atem leichter.

Wiesel: Mir ist er leicht; wir sind in glücklichster Luft!

Louis Ferdinand: So frei soll ja des Menschen Brust werden — kurz vor dem Tod.

Wiesel: Kurz vor der Erfüllung. (Klatscht in die Hände.)

Louis Ferdinand: Was horchst du? Wo hinauf siehst du? Wen erwartest du? Wiesel! Bleib, wo du stehst!!

Wiesel (kniet).

Louis Ferdinand (Reißt sich von Wiesel los, will fort. Hohenlohe, Generale und junge Offiziere, die inzwischen aus dem Schloß gekommen sind, halten ihn auf): Was geschieht hier? Ich will's nicht glauben. Was wünschen die Herren? was will man von mir?

Offiziere (in gemessener Entfernung.):
   Preußen huldigt seinem König!

Hohenlohe (tritt vor): Empfangen Sie unseren Eid.

Louis Ferdinand: Worte! Worte! Ist meine Zunge starr!!

Hohenlohe: Erlauchter Prinz, diesen Weg zeigte Gott seinen bedrängten Preußen in letzter Stunde. Wenn Ehre und edler Ruhm unter Männern lebendig bleiben soll, so führen Sie uns. Nehmen Sie von den Bajonetten der Armee die Krone.

Louis Ferdinand: Eine Krone! Auf diesen Scheitel!

Offiziere: Wie erträgt er es!

Louis Ferdinand: O, Friedrich, hörst du das?

Hohenlohe: Geben Sie Ihrem Willen Ausdruck. Die Armee wartet, Majestät.

Louis Ferdinand: Nicht dieses Wort!

Hohenlohe: Klingt es so ungewohnt?

Wiesel: Nun beugt Euer Knie!

Hohenlohe (kniet): Herren!

Alle (knieen): König Ferdinand!

Louis Ferdinand: Der Mond wird schwarz.

Ein General: Nun braucht Berlin nicht zittern.

Hohenlohe: Preußen hat wieder sein Schwert.

Offiziere: Führt zum Siege!

Louis Ferdinand: Vom Boden! Ich bitte: vom Boden!!

Hohenlohe: Gehorcht! (Offiziere stehen auf.)

Louis Ferdinand: Würden meine Augen zu Kröten! Aussätzig meine Haut! Was lockt noch an mir, daß so geschätzte Soldaten ganz von Besinnung sind. Steht einer unter uns, der jetzt den Kopf erheben dürfte.

Hohenlohe: Wird es uns dunkel ausgelegt?

Louis Ferdinand: Aber ein Augenblick schuf doch unmöglich — das!!

Wiesel (leise): Freilich nicht! Freilich nicht! (Lacht:) He, he, he!

Louis Ferdinand: Wie?

Offiziere: Was wird?

Louis Ferdinand: Gedanken könnten so gräßliche Gestalt annehmen! Ich schrei' Ihnen ins Gesicht: Der Prinz, den Sie suchen, lebt nicht mehr. Meine Gedanken: jetzt reicht ihr mir zitternd die Krone! Das zwingt mir nichts weiter mehr ab als: Lachen!!

Ein General: Es wird im Schloß gehört.

Louis Ferdinand: War ich ein Verräter?!

Hohenlohe: Die Nacht erschreckt Sie. Wir treten vor Sie hin, bei der Morgenröte. Bis dahin, hoher Herr, erwägen Sie, was Sie uns sind! (Ab.)

Louis Ferdinand: Welche Hoffnung klebt an mir! Keiner, der die Verwesung riecht?

Offiziere: Wir bleiben.

Louis Ferdinand: Das heißt: Sie wollen sterben! Da zuckt es durch Ihre Glieder! Gehen Sie! Gehen Sie! Suchen Sie sich eine andere Heimat. Was dort hinter den Bergen lauert, wird es einem Mann schwer machen, in Preußen zu leben.

v. Egidy: Wir bleiben.

Louis Ferdinand: Muß ich deutlicher sprechen?

v. Egidy: Von uns will keiner leben!

Louis Ferdinand: Das bringt uns zusammen. So verkünde ich Ihnen: Die Nacht wird Vernichtung entfesseln. Über unsern Tod schreitet sie hin. Aber führte nur mein heißes Blut solch schwerbedeckte Stunde herauf, so schwöre ich Ihnen: was in mir noch brennt von Gottes Odem her, geb ich dem hellen Raum zurück. Dort wirkte es in freiester Kraft! —

Im Osten warten vierzigtausend Franzosen. Ein Befehl, und sie überschwemmen das Land. Schicksal, wir halten dich auf! (Will ab.)

Offiziere: Wir alle folgen! (Louis Ferdinand geht näher an das Schloß.)

v. Egidy: Warten! Etwas hält ihn zurück. — Wie seltsam wächst unser Prinz.

Louis Ferdinand: Ihre Stimme. Erinnerung an Paradiese.

Offiziere: Wessen Stimme! Was hört er!

Louis Ferdinand: Unsere Seelen empor! Ihr Flügelschlag setze die weite Luft in Brand!

Offiziere: Prinz! Prinz!

Louis Ferdinand: Wir gehen zu heiterer Schlacht. Folgen Sie nur.

v. Egidy (ekstatisch): Zu Pferde!! Ihr Himmel: es gibt kein Sterben!

Louis Ferdinand: So breche die Flamme aus Saalfeld, auf! Die Fackel leuchtet der Freiheit entgegen! Wir sehen sie bald von Angesicht! Über der Sonne sind wir ihre Brüder! (Alle ab, außer Wiesel.)

Wiesel: Wohin gehe ich? Gut, gut, eben meinen eigenen Weg; aber mein Kopf dreht sich dir nach, Louis Ferdinand. Ging ich so vorwärts, würde ich unter Menschen wohl lächerlich. Also: wohin?

Braunschweig (kommt mit König und Generalen): Und der ganze Park wird bengalisch beleuchtet sein.

König: Gehen die Herren voraus.

Braunschweig: Bald haben wir Frost, genießen wir die Blumen. (Braunschweig und Generale ab.)

König: Zum zweiten Male treffe ich Sie ohne Ihren Freund, geschätzter Wiesel: Wo bleibt Prinz Ferdinand?

Wiesel: Auszudenken, wo er bleibt, wird mir recht schwer.

König: Er war wohl nicht mehr wie sonst zu Ihnen mitteilsam.

Wiesel: Ich werde mehr gefragt, als ich zur Antwort bereit hätte!

König: Das erbitte ich: Welche Wege geht mein Vetter?

Wiesel: Ich kann ihm nicht mehr folgen.

König: Dank. Dank. Wir sprachen uns nicht oft, aber ich kannte Sie; nochmals Dank. Wenn selbst Wiesel nicht mehr mit dir geht, Ferdinand, so ist Gefahr! Meine Vorsicht soll künftig Waffen tragen.

Wiesel: Majestät, die Vorsicht ist eine Betrügerin.

König: Wie meint das Wiesel? Ließ ich die Vorsicht außer acht? Ich darf nicht weichen. Nicht um Haares Breite. Es steht mehr auf dem Spiel. Mit dem Krieg fällt mehr! Gott will Frieden unter seinen Geschöpfen. Regiere ich von Gnaden Gottes, so muß der Frieden bleiben.

Wiesel: Ist das Gerüst fest gegründet, auf dem der König steht?

König: Der Tag beginnt grau.

Wiesel: Mein Gehirn fällt zusammen.

König: Wie? Wie?

Wiesel: Man macht zuviel Aufhebens von sich.

König: Was spricht Wiesel?

Wiesel: Nun: Ein paar Schaufeln Sand. (Will gehen.)

König: Der König entläßt! Wir werden uns jetzt öfters sehen. Begleiten Sie mich zu der Maskengesellschaft.

Wiesel: Meinen Weg geht jeder Mensch allein. (Ab.)

König: Generale! — Mich hört niemand?

Königin (kommt mit Fürst Hohenlohe): Der Fürst suchte Sie.

König: Louise, wirst du bei mir sein, wenn ich sterbe?

Königin: Glaubt mein Gemahl nicht mehr an Gott?

König (schweigt; dann): Was will der Fürst?

Hohenlohe (tritt vor): Der Herzog von Braunschweig hat angeordnet, daß der Kriegsrat in Anbetracht des Balles erst morgen Nachmittag zusammentritt.

König: Wenn es der Herzog nicht früher für nötig hält.

(Hinter der Szene Rufe.)

Königin: Hörten Sie das? Ein Ruf! Noch einer!

König: Liebe Frau?

Königin: Wieder einer! Ihre Generale kommen in Eile die Treppen herauf.

König: Ein Unglück!

Hohenlohe: Die Luft wird dick.

König (zu den Generalen, die kommen): Ihre Gesichter sind ein Schrecken!

Generale: König.

König: Gott, mach sie stumm!

Braunschweig (zu den erregten Generalen): Ruhig! Ruhig! Wirkung der guten Weine? Jetzt will man schon im Park Franzosen gesehen haben. Wahrscheinlich maskierten sich ein paar Witzbolde als „Franzosen". In solcher Tanznacht: „Paris mit seinen Sitten"! Warum nicht! Aber Majestät! (Rufe hinter der Szene: „Franzosen"!)

Generale: Größte Verwirrung.

König: Und doch, es kann nicht sein.

Masken (kommen): Franzosen! Franzosen!

Erster Offizier (kommt): Ein ungeheurer Berg wälzt sich erschreckend schnell auf Auerstädt und Jena.

König: Den Kriegsrat zusammenrufen.

Zweiter Offizier (kommt): Ein unverständliches Gerücht bläst Gäule und Kanonen wie Watte vor sich her.

Hohenlohe: Gehen wir Generale zur Armee?

Dritter Offizier (kommt): Herrenlose Pferde überall wie flatternde Käfer. Ein furchtbarer Schrei treibt selbst die tapferften Soldaten in aufgelöfte Flucht.

Hohenlohe: Vorwärts, setzt einen Damm entgegen!

Königin: Wenn Schrecken schon so wüten.

Braunschweig: Trompeter! Trompeter! Es soll kapituliert werden.

Hohenlohe: König, die Armeen zum Angriff vor!

König: Ja, so befehlen Sie doch, Herzog. (Einige Offiziere um den Herzog.)

Offiziere: Der Herzog fällt in Ohnmacht. (Rufe hinter der Szene: „Ins Schloß! Rettet euch! Zurück!")

König: Bricht die Sintflut los?

Nostiz (kommt): Wo ist der König? — Prinz Ferdinand ist tot.

Einige: Wir sind verloren.

Nostitz: Majestät, Gefahr! Hinter uns her jagen Franzosen! Ganz Saalfeld brennt! Die Avantgarde ift in die Flucht geschlagen. Mein Prinz warf sich mit aller Reiterei noch einmal in den Weg. Unter einem Knäuel französischer Husaren sank er vom Pferd.

König: Ift es möglich? Louise! Es ift Krieg! (Scheu:) Ja, trag ich denn dies Wort allein! Sei mit mir, Gott! Es ift ja Krieg! Es ift ja Krieg! (Ab ins Schloß.)

Hohenlohe: Tapfrer Prinz. Himmel! fremde Signale! (Schnell ab.)

Stimmen: Kommt! Flieht! Prinz Ferdinand ift tot! (Große Bewegung.)

Königin: Sucht Preußen! Es gibt keine Preußen mehr.

Ende.

Gedruckt im November 1921 in der
Spamerschen Buchdruckerei in Leipzig

Erich Reiß Verlag, Berlin W 62

Von
Fritz von Unruh
erschienen ferner:

Offiziere
Drama in drei Akten

*

Opfergang
Eine Schilderung

*

Vor der Entscheidung
Ein Gedicht

*

Erich Reiß Verlag, Berlin W 62

Offiziere
Drama in drei Akten
4. Auflage

Was Unruh in dem Drama gibt, ist das Schicksal von einem Dutzend Regimentskameraden, die aus der Enge des Garnisonlebens der Drang, der in Schillers Reiterlied lebt, ins Feld treibt. Keine Schablone stört bei der Zeichnung dieser Krieger, sie sind Menschen aus dem Leben: heroische, liederliche, lächerliche, lustige und leidende; sie haben sogar den Mut, sich vor dem Tode zu fürchten. Und darum steht dies Werk an wirklichem Gehalt über den besten Offiziersdramen. Bei solchem besonderen Milieu gibt keine noch so stilgetreu festgehaltene Äußerlichkeit den Charakter des Echten, sondern allein eine unbestimmbare Schattierung und Lufthülle innerhalb der festabgegrenzten Standesperipherie. Unruhs Drama ist gefüllt mit dieser Atmosphäre, es atmet ein wenig von dem Geist des „Prinzen von Homburg"...

Einen jungen Dichter zu grüßen —: was könnte dem Kritiker eine festlichere Freude sein. Karl Strecker (Tägliche Rundschau).

Endlich wieder einmal ein Aufatmen! Und eine Freudenbotschaft! Ein neuer junger Dichter, der wieder aus dem Lebendigen schöpft, aus dem ursprünglichen und echte Natur mit Poetenzungen zu uns redet. Ein Talent, das aus den Stillen und Einsamkeiten kommt. Welches die Male der Naturkraft an sich trägt, der ewige Gegenpol zu jener andern Kunst der Akademien und Gelehrsamkeiten. Und ein griechisch Feuer zu entzünden vermag.

Wenn Fritz von Unruh, der junge Poet, wie das seine Helden, seine Offiziere lieben, zum sternbesäten Nachthimmel heraufträumt und in den Schaudern des unendlichen Alls versinkt, dann ist ja immer wieder der einzige Stern, an dem sein Auge gebannt hängt und der als Jupiter über ihn leuchtet: Heinrich von Kleist... Kleistisches Jugendfeuer lodert in ihm. Und nichts tut uns eigentlich so notwendig, als daß unsere Kunst und unsere Bühne auch wieder zu uns mit so ganz jungem, natürlichem Munde zu reden vermöge, in Erfüllung des Urgebotes: Gefühl ist alles... Und nichtig jede Kunst, die nicht aus Liebe nur geboren und empfangen wird. Hier steht ein wirklich Junger vor uns ... Ein wirklich Ergriffener, dem das Wort lebendig aus dem Herzen schlägt.
Julius Hart (Der Tag).

Die „Offiziere" von Fritz von Unruh sind eine ungewöhnlich begabte Erstlingsarbeit, in der das ganze brausende Ungestüm der Jugend waltet. Alle einzelnen Gestalten zeigen eine fast traumwandlerisch sichere Sicherheit der Charakterisierung, alle sind Menschen, tragische, komische, traurige, lustige oder lächerliche Menschen, aber sicherlich Menschen. (Sozialistische Monatshefte.)

Wenn den Offizier mitten im Todesmut die Angst vor dem Tode packt, wenn sein Tatendrang in Konflikt gerät mit dem blinden Gehorsam, so könnte das tiefer führen als alle Schmerzen um ein süßes Mädel, entfernt uns von allem Romanhaften und zeigt in der Ferne auf die Grandiosität des Kleistschen „Prinzen von Homburg". (Berliner Tageblatt.)

Erich Reiß Verlag, Berlin W 62

Opfergang
Eine Schilderung
8. Auflage

Im Jahre 1916 entstanden, dröhnt es die Frage: Mußte das sein? in das Ohr. Das große Sehnen der heutigen Menschheit nach Frieden schickt hier ein erstes Morgenrot voraus. Aus einer schwärmenden Pathetik des Ausdrucks und der Darstellung aus lebendigstem Persönlichkeitston und Bericht entsteht eine poetische Urkunde, die immer wieder nur mit Henry Barbusses „Le Feu" und Latzkos „Menschen im Kriege" verglichen werden kann. An einigen Gestalten, jede mit eigener Seele beliehen, zeigt Fritz v. Unruh das ganze deutsche Heer. (Berliner Tageblatt.)

Wer immer dieses Sturmkapitel gelesen, wird es, von Erschütterung gerüttelt, nicht vergessen können. Wilde Tragik und grimmer Humor, grauslig verwebt zu einem einheitlichen Kampfgebilde, prägen sich der Seele ein. Das Werk eines Dichters, dem ein Gott zu sagen gab, was er gesehen und wohl auch gelitten. Sie alle haben ihre Eigenart von Dichters Gnaden, diese feldgrauen Opfergänger, sei es der Schauspieler Cäsar Schmidt, oder Fips, der kaustische Koch mit dem Philosophenhirn sei es der trommelnde Tambourgefreite Preis oder der in Schlachten gehärtete prächtige Pionier Kor.

Das Buch ist ein Dokument von bleibendem Wert. Mit heiligem Schauer, entsetzt und gebannt, werden es auch spätere Geschlechter lesen. (Berliner Börsenzeitung.)

Die Dichte des Buches, die Gefülltheit, die Sattheit, die Farbigkeit der Sprache Unruhs ist unerhört, der „Opfergang" ist Kirchenrosette und Orgelchoral zugleich. Er strahlt und braust. (Frankfurter Zeitung.)

In Unruhs Dichtung ist zum ersten Male das ganze Erlebnis des Krieges Anschauung geworden: die Tragödie des Preisgegebenseins und der grenzenlosen Vernichtung des Menschen. Hier, aus den jagenden, zitternden, sich aufbäumenden Worten, aus den Visionen, die an der Grenze des Wahnsinns taumeln, begreift man zum ersten Male dieses Ding: Krieg! Und der Wille ballt sich: Nie! nie darf solches wieder über die Menschheit kommen. (Breslauer Generalanzeiger.)

Erich Reiß Verlag, Berlin W 62

Vor der Entscheidung
Ein Gedicht

Wer lauschte nicht gern solchen Verzückungen? Wer, mag er auch ein Skeptiker sein, schmeckte nicht gern in Feierstunden diesen Rausch nach? Wer empfände nicht in tiefster Brust, daß der verkommenen Menschheit Priester not tun? Daß hier ein Reiner das Gralsgefäß hütet? (Berliner Tageblatt.)

Der neuen Geistigkeit, dem Geist der Liebe gilt der Gedanke des Buches. Aus dem stumpfen Krieger wird ein Mensch, der die Liebe sucht, die Liebe, die die Welt heilen muß von den Wunden des Krieges. Tief erschüttert folgt man den Erkenntnissen und Bekenntnissen eines, der das Leid der Menschheit erfahren. (National-Zeitung.)

Heftig, unentrinnbar in seinen Bann ziehend, ist das bisher verbotene Werk Fritz von Unruhs „Vor der Entscheidung". Eine gewaltige, formschöne, unseren großen klassischen Dichterwerken nicht nachstehende, klangreiche Sprache.
(Berliner Börsenzeitung.)

Ein Werk, das alle Hoffnungen erfüllt, die sich an den Dichter des Geschlechts knüpfen. Fritz von Unruh ist ein Gestalter; er formt zu Bildern von monumentaler Kraft und Wucht. Die Sprache der Dichtung ist reich an lyrischen Schönheiten.
(Frankfurter Zeitung.)

89007760960

Date Due

AP 1 '72			

Demco 38-297

Lightning Source UK Ltd.
Milton Keynes UK
UKHW021829060422
401191UK00007B/1347